U0063534

suhei

愛不在盡頭，
而在路途上。
上路就是了。

素黑

我們只能質疑關係，
而不是愛的本身。

愛戀中美麗的回憶可以保留一世，為生命充電，剩下的應該好心送走，不記來時路。

只看眼前人，
才是珍惜和保留
舊愛的意義。

兩個人兩個世界，
可以保持距離地親近，
多一片天空，
多一縷清風。

世界不再一樣。

溝通應該像流水一樣，
不能隔著沙石，
不然會翻起波瀾，

即使水還是繼續向前流，
卻不一定到彼岸。

重要的不是命運，

而是全然接受的勇氣。

愛若沒有讓生命得到提升，便是白愛了。

放過別人，同樣是放過自己，
這是感情放生的道理。

要治療，
必須首先和自己修和，自愛。

在愛中修行

《那些在愛中受的傷，都是修行》原創主題曲

詞曲：唐藝　主唱：唐藝　編曲：Khris Nung/Peace Lo
和音：Natalie Yuen/Peace Lo　和音：朱旦旦　後期製作：Khris Nung

別再糾纏（失去的關係）
別再沉迷（傷感的歌曲）
循環播放（以為就深諳）
愛的秘密（誇大了委屈）

別再自虐（追逐著回憶）
別再流連（沉重的音律）
慾望固執（纏繞著生命）
投射絕望（在每首情歌裡）

（我們都有翻閱回憶的慣性
被慾望操控的宿命
消費情緒和愛的定義
需要找回愛的能力）

那些情歌不會告訴你
愛是一場修行
那些情歌不會告訴你
愛是最簡單的道理
把自私的固執的絕望的一切都放低
把寬容的智慧的仁慈的細微都撿起
愛是一場修行
一場修行

別再糾纏
別再沉迷
在愛中修行
好好對待自己

欣賞歌曲：

https://youtu.be/zTWaKwgHR-0

第三部分 給難以開始新戀情的你

第四部分 給無法接納自己的你

SEIKO

序

重拾與自己的緣分

陸以心　電影《同班同學》導演
《春嬌與志明》編劇、作家

作為一個天生的機會主義者，我最不喜歡的兩個字，就是「緣分」。因為機會可以爭取；緣分，只得等候。沒想到，讓我真正體會「緣分」的人，就是素黑。

早在大學時期，我就是素黑的讀者。當時一邊忙學業，一邊忙著失戀。從一張床跳到另一張床，從啤酒紅酒喝到威士忌。那時候的人生，除了放肆，就是放肆。直到今天，我還記得看完《一個人不要怕》之後，心靈靜謐的一瞬。是的，就像抬頭看流星雨夜空，滿足、無言、安寧。

十年前，我們第一次在她的新書發佈會相遇：別人看她，是素黑老師，是情海迷途的燈塔；當時的我，卻看到一個精靈一般的瘦小女生，讓我一見面就忍不住給她熊抱。豈料這一抱，就是十年。

曾經，我像所有被情自困的女生一樣，以為
生命的不幸就是源於男人。但跟素黑相處時，
我漸漸明白到，如何為自己的人生負責任。

傷痛、背叛、失望、自怨自艾，甚至是自殘，都是失戀時會產生的負面感覺。然而，這些都不是我們人生失敗的藉口。每一次的情感災難，其實都是讓我們活得更好的機會。

如果你對自己夠真誠，一定會知道，其實失敗關係的原由，肯定不只是對方的錯。只要願意放下自我，重新去檢視自己，就會看到。而這個道理，是素黑教曉我的。跟她相交的十年裡，我們就像兩個幼稚園學生一樣，用最單純的心去善待對方。在素黑疲累時，我的大熊抱，就是她最需要的。愛最簡單也最複雜的，就是如何少一點說浮誇情話，多一點留意對方所需。

情路上的跌宕，每個人都會經歷。爬不起來，
並非因為你太愛對方，而是你太溺愛自己。

假如你還無力堅強，我真心建議你看《那些在愛中受的傷，都是修行》。站起來，重拾與自己的緣分，就是人生最圓滿的狀態。

二零一五年十一月

修什麼行：先回歸生活的最基本

自序

《那些在愛中受的傷，都是修行》是我在香港和內地出版過的幾本書的精煉合體。

從2005年在香港出版的《兩個人兩個世界》，到2007年的《這樣愛，很好》，到2008年內地把兩書重編的合併版《在愛中修行》，輾轉已十年。她們，一直是陪伴讀者修愛和成長的貼心伴侶。

十年後正要在香港重編這書的今天，收到一位讀者的讀後感：「我正在感情的漩渦中寢食難安、彷徨失措時，您這書給了我一份意外的驚喜和喜悅！書內寫進心裡的文字直指心智，字字珠璣，現實又殘酷，真摯而溫暖，讓我走過了一場徹頭徹尾的靈修之旅，發現了自己的問題所在，更看清了自己陰暗面的原由：我一直借父母的錯誤來逃避長大和成長，不想承擔，又怕失去自由，因愛之名負了多少愛，不想面對和正視根深蒂固的心結。我修佛法，明白境隨心轉。我們看不

清自己和所有的人和事，只是『用緣心看佛，還是用佛心看緣』的區別。」

都是一句話：放不下。看清了，就去修吧。愛是緣，修行也是緣。能結緣已感恩，在緣中修而得悟，是莫大的福份。能藉著此書跟讀者結緣，走上十年修行路，是我和此書的萬福。

不過，

我更想在文字以外帶領你回到生活中，貼近生活的真實，相信那才是真正的修行。

這十年，我在重新調校自己，跟大家一樣且喜且悲，有笑有淚，一步一步地成長。個人的變化一如既往的大，尤其是過去四年，我擱下眾多開課和活動的邀請，集中地做覺得更重要的事，埋首專注開發一種「微層次」的修身教育：從生活作息中微調自己，睜開盲目的眼睛，看見自己的問題，以此回應眾多讀者向我不斷的提問：「如何才能了解真正的自己？到底要怎樣才能自愛和自療？」

別想依賴發問求答案，不肯把方法親自逐步活出來，奢望能出現一部儀器，或者吞一粒藥便能調好自己。這樣的你不會有什麼收穫的，因為你還在問，沒有做，依賴誰來解決你亂七八糟的問題，和那雜亂了幾十年的心結。

我提倡從最基本的生活細節出發，從喝茶、穿衣、飲食、睡覺開始啟動自療，從學習聆聽和柔軟，訓練仔細、細心和定心，全方位地、立體地進入自愛的自學旅程。

作為療癒師，我深知一般人在孤獨的自療過程中都需要方便的工具，才能較容易地靠自己走出來。為此我花了兩年研發出自家品牌「靜聽愛」專業自療工具如靜心音叉和定心銅磬，目的是為先訓練仔細，打開久閉的五官，看到自己的封閉和壞習慣，鎖定需要改進的方位，才知道要調校什麼，用什麼方法。這是修行最基本的第一步：先看清楚。

我還教大家回到衣食住行上，重整生活。譬如我讓大家認識古樹普洱茶，不是叫你去喝茶，而是叫你從喝茶中學習放慢、保育土地，通過茶氣替身體「養氣」；我和衣服品牌合作，不是為了叫你多買一件衣服，而是叫你重新看自己穿衣、買

衣和拋棄衣服的習性，學習不濫購，珍愛一件衣服，好好穿到老。近年一些優質的生活品牌邀請我合作，不是因為我已是名人，反而是因為我只是個學生，對修養生命保持謙虛和真誠，認同我簡樸的生活風格和方式。

有深度的生活品牌，能傳播一種人本精神，改善生活和品養，兼愛眾生和地球。

它們都是輔助你自愛自療的工具，能產生高能量的物理振頻，是滋潤和豐富身心的營養。

感恩集中精力推廣自愛工具的心力沒有白費，收到讀者正面的回饋，心暖暖地感動。在愛中的修行可以很具體和生活化，不只是光想光閱讀。

十年後重新出版《在愛中修行》，針對香港讀者時下的實際修心需要，細心的出版社精煉了內容，更換上了動人的書名：《那些在愛中受的傷，都是修行》，希望帶給讀者和暖的幸福感。

我們還為她配上一首主題曲：「在愛中修行」。電影和電視都有主題曲，一本書，也可以有，誰叫我從來是個不安份的作家！找來擁有覺醒力量的才氣唱作人唐藝小姐，為此書量身訂造了主題曲。凝住空間的天籟聲音，連綿繾綣的情感深度，於你我的心靈天際畫出一束光，照亮了愛的盲點和出口，告訴愛的迷茫者，愛就是醒覺，愛是一種修行。

願《那些在愛中受的傷，都是修行》是她也是你我的重生，給你枕邊慢讀、伴歌的暖心自愛體驗。

素黑

二零一五年十一月於香港

第一部分

給為愛困惑的你

愛，到底為什麼

人要面對愛，得先接受無常和變幻，知道養活愛還得靠自我提升和進步。

也許，你也曾經問過類似的問題：

他到底有沒有愛過我？既然要分開，既然性格不合，為什麼我們要相愛過？到底，他為什麼要出現？當初為什麼說愛我？

大家都執著「被愛」失敗了，卻沒看清自己「去愛」的時候是否愛得合格。前者的責任是對方的，後者的責任是自己的。啊，突然承受不起！我的愛也有問題嗎？從來以為是他的問題，沒想過問題可能在自身。不，不，我已付出太多，是我受到了傷害。

其實，

大部分人都沒有能力去愛，只想找一個能讓自己製造去愛和被愛感覺的對象而已，根本不懂得處理愛這回事，最終只剩傷害和怨懟。

在還未確認一段情緣開始前，又或者質疑自己或他人的愛時，大家又喜歡問：「愛到底是什麼？怎樣才算愛？」

幾百個讀者和受療者，不論是香港、內地還是海外，都以類似的思維問類似的難題，大部分在分手在即前，或者感情已成過去式的時候，像孩子剛落地才問生他來幹嗎，誰來帶大他這種後知後覺的問題，已經太遲了。

愛是什麼？根本沒有答案。噢！不是很失望嗎？對於「愛」這類心靈性的問題，我們不能單從科學、邏輯、指涉性或功能性的角度解答，給愛一個解釋，就如解釋性一樣，是危險的嘗試。

愛是每個人都需要，但非與生俱來懂得適應和管理的心靈狀態，涉及的更多是多變難測的情緒狀態。

我們天生需要愛，卻未必曉得如何愛、應愛誰。我們大抵只能從比喻去靠近它，像耶穌的比喻，和禪宗的公案一樣。這也是「道理」的最大意義：教我們不要以頭腦解說，而是以心貼近，打開自己，用心體會，開發啟悟的空間。這就是智慧和學說的最大分別。

愛是每個人都擁有的禮物，也是靈修的必經過程，至於打開它會看到什麼、得到什麼，則每人不同，因為每個人都有他活於此生的理由。

從愛所得到的，也會跟隨閱歷和智慧而改變。為什麼他曾經溫暖地出現，又狠心地離開？是愛不夠強？是沒有愛過？還是愛在什麼地方出現了問題？

不，不要質疑愛，

我們只能質疑關係，而不是愛的本身。

人要面對愛，得先接受無常和變幻，知道

養活愛還得靠自我提升和進步。

當你死執於當初明明說過一生不變的話，三五七年後向變質的愛情討回老承諾的時候，先看看，到底誰變了，變成怎樣，為何對方變了自己卻沒變？那就是沒有

一起進步囉，又或者你沒有跟他一起退步啊。你怪對方變得快，對方卻怪你自我封閉沒有變。不變可以是死水，變可以是進步。到底，你沒有變不好，還是對方變了不好？戀愛的賬，誰能算得清？誰的眼睛更雪亮，能看透誰是誰非呢？

因為愛受到創傷，質疑為何要愛上傷害自己的人。噢，別傻了，愛是無罪的，也沒有傷害不傷害。很多傷害都是自己造成的。

所有的情緣都是賺回來的，即使是最創傷的經歷，也有正面的信息。

你信前世的話，信息便是：能從這段緣分中提升自己，看破執著，便了斷前世積累的孽障，這一生便沒有白來了，你將更自由。你信自己的話，信息便是：從創傷中看到自己的盲點，感謝他的出現令自己更強壯，增加自癒的抗體，從來是弱者才會受傷的。你信神的話，信息便是：神通過祂讓你看到自己不夠寬容不夠愛，還有計較便得不到最大的愛情，要放下自我。你什麼都不信的話，信息便是：你連愛也不相信，根本沒有資格去愛和被愛，只能祝福你！

愛是學習放下自我。

不要怨，不要問，謙虛一點，去愛便行了。

愛到何時才叫愛

愛是當大家相處很久，懂得互相體諒和付出後，才會孕育出來的果實。

很多人問：我喜歡他，他喜歡我，這樣叫作愛嗎？怎樣才算可以放心去愛，真正相愛？

其實愛沒有標準。單憑感覺可以叫愛，但不夠深刻便容易動搖。再者，即使已抱有深刻的感覺，可以稱之為愛情，卻未必感到安全，總是患得患失。

原來愛情之上還有更大的愛，那是對生命的信念。

一般人的愛情軌跡是投入、付出，需要時間和耐性。超然的愛可以超越時間，但不是這裡討論的範圍，因為我們還沒有能力領會。

愛是當大家相處很久，懂得互相體諒和付出後，才會孕育出來的果實，在此以前的都談不上是愛，那只是感情上、性別上、肉體上的慾念磨合過程而已，甚至可以說是由自我中心演變而成的產品，是我們借另一個人滿足自己被接受、認同和奉承的感覺。

再深入的愛，能超越自我的層次，那又是更遠的天空，平凡的我們，先不要好高騖遠。

愛情初期難免是建立關係的感情投資，這也不壞，不要吝嗇。

沒有付出，我們也不懂得應該怎樣去了解一個人，跟一個原來陌生的人相處，看到更陌生的自己。

通過相處我們知道痛苦，感受喜樂，看到執著，自我成長，明白人生。這時，愛才真正出現。

你在戀愛還是逃避

愛是步向成熟的智慧旅程，不是逃避長大的稚童。

什麼是愛？我和他算不算愛？

太多人問過我類似的問題，問題比愛的本身更被重視。

愛是漫長的路，前後左右有很多方向，容易停步或迷路，不進則退。

我常說，

真正的愛是雙方心智上的進步，

很多人還是不明白吧？

比方，你遇上不如意的事，借愛情得到暫時的安慰，以為擱置問題便是解決。

結果對愛人的要求越來越多，因為人生不如意事太多了，總嫌愛遮掩得不夠。

要求、失望、埋怨，可以把愛悶死。

想找個可慰藉的人哄哄自己，逗自己開心，便是所謂「在一起，無非都是想開開心心」的廉價戀愛觀。

能找到令自己開心、放鬆的伴侶很走運，不過開心並不等同於相愛，問題還未真正解決。當他未能安慰你全部的不快時，你開始覺得他不足夠，他不夠愛你，或者原來你不夠愛他。於是問題又來了：我和他算不算愛？什麼才算愛？

看清楚自己的問題吧：你在逃避成長，借愛情自我包庇，結果當然沒出路，一切都是假象。

事實卻是你意想不到的：你們從來沒愛過，只有同行或同床關係。

愛是步向成熟的智慧旅程，不是逃避長大的稚童。看你選擇進步還是退步。一切，都是選擇。

所謂真正深愛

能看穿愛的流向，
能平衡和平靜自己的心，才能真正深愛。

某讀者問：「為什麼一個女人明知自己有男友或老公，還是越過那條危險的線搞婚外情，覺得那才是自己真正深愛的人，放不下，離不開，可惜無緣相愛，痛不欲生呢？人戀愛，到底是為什麼？」

遇上婚外情、不忠戀，原因有很多，可能是貪情，可能是貪性，可能是孽緣，也可能只是太脆弱，或者是虛榮，得不到的永遠最美，甚至可能是終於找到真正的深愛。到底愛對了還是錯了？誰人有比自己更雪亮的眼睛？誰能看穿自己所謂的愛，到底是無私的分享還是一己的慾望？

當你還未真正愛過自己，感受過自由的流動愛戀狀態時，所謂真正深愛，可能只是純粹慾望的陷阱，喪失情感自控的癡纏病態，你卻執迷不悟，往死裡投入，耗損能量自作孽，然後質疑愛的本身，那還談什麼深愛不深愛呢！

人到底為什麼戀愛？

愛是情感的需要、能量的源泉，也是希望的光。因為世事不完美，因為人容易脆弱，愛的存在能提升生趣，賦予生命意義。

愛能有強大的能量，弔詭的同時也擁有強大的破壞力。於是，愛的背面便是恨，享受的另一面是折磨，付出的同時是佔有，這是陰陽二氣相生也相剋的結果。

能看穿愛的流向，能平衡和平靜自己的心，才能真正深愛。

愛能維持多久

若愛是心靈層次的能量時，那便是無限，可以超越時空、超越生死的存在。

那夜，在我最傷痛的時候，深愛的人在我耳邊說：「不要害怕分開，假如能量合得來便在一起，合不來便分開，就這樣便可以了。」情感上我哭得死去活來，靈性上卻孕育出前所未有的平靜和安詳，像隨時可以死而無憾的那種安詳感。幸福得像哭著開花的美麗，因為這體驗，我看到愛就是無限。

愛毋須在得與失、在與不在之間徘徊的話，才算真正出現過。我慶幸，短短此生可以這樣愛戀過，很樂意和世界分享這份愛的可能。

誰都害怕愛人會離去，會死去。那天和很愛的大學師妹談愛。她正如魚得水地愛戀著，能量處於最和諧的狀態。她說：「以前會擔心愛人愛上別人背棄我，現在已不這樣想了，要背棄的、姻緣不遂的，也無謂強求，可是，反而很害怕他

會死。他死了，我怕再找不到會有這樣愛我、我肯這樣照顧他的人了。現在才明白，為何有些人的伴侶死了，自己也很快跟著去。」

師妹是個瀟灑爽快、獨立自負的現代女性，一直喜歡她這種性格。過往有過放不下的感情傷口，現在重拾力量，卻在能相愛多久，可能死別的矛盾不安中站不穩健。人在面臨孤獨的剎那，總是脆弱的。

> 把愛鎖在特定對象上，便有愛的時間危機感，
> 因為，人總會死，不知所謂地死去。

愛能維持多久？所謂天長地久的愛可能嗎？死別是可怕的，但每個人都要面對。養寵物看著它死去的傷痛，是為準備面對心愛的人死去的綵排。寵物死去了，馬上買另一隻填補；愛人死去了，馬上找另一個替代，兩者沒有基本上的分別。因為，我們的愛都不能等待，必須馬上補足，不然，一個人面對孤獨很可怕。

這是愛，也不足以是愛。

愛能維持多久？這是很奇怪的想法。當我們把愛視作物質時，我們可以計算和衡量愛可以維持多久。可是，

若愛是心靈層次的能量時，那便是無限，可以超越時空、超越生死的存在，不可能被時間凝住。怕愛人死去便失去愛是對愛信心不夠，同時害怕面對孤獨不能自處的怯懦。

愛絕對可以有特定的對象，甚至是好事，只有這樣愛才能更集中和凝練地提升，培育更深的層次，比隨便到處消費的感情更能醞釀正面能量，更令人感到平和安心。

正如自愛。

自己是愛最長久的對象，沒有愛比自愛更長久。

實際的受療客戶常問我：照你所講的做的話，要做多久才能看到效果呢？我只能答：一世。愛能擁有多久，便能生效多久。對自愛沒信心的人，只會害怕何時失去愛，為什麼沒有永久性治癒的效果，為什麼沒有愛我一世的人出現？然後質疑，

再度入病。

不要借想像「有些人可以，為什麼我不」而放棄。我只能告訴你，還有腦袋和思想的人，都會對愛搖擺不定，製造負面情緒，痛苦不安。這是每一個人每天面對的困境，包括我自己。只能說我們各自修行，觀照自己，毋須比較和判斷。

愛愛的信念比愛愛人更天長地久。

另一半存在嗎

所謂尋找另一半，大抵是生命走得太累了，借助尋找別人的忙碌，可以暫時忘記面對自己的疲累。

最近幾個人不約而同向我提起關於「另一半」的神話傳說：最初，每個人都有另一個伴侶，可是神覺得這樣不好，於是把人的另一半分開，好讓人在世間尋找他失散的另一半，成全一個完整的自己。

很多讀者問我，他們到底要等到何時，另一半才會出現呢？等死人了。

前天和一個很可愛的、快三十歲的出色大男孩聊天，他滿腦子亂七八糟的怪思想，告訴我曉通靈的奇異朋友曾向他「確認」，人當真擁有命定的最適合自己的另一半。男孩瞪著智慧的眼睛與奮地說：「她還告訴我，人一生只有一個最合拍的另一半，錯過了便不會再出現啊！」我學著他的語氣也瞪著眼問：「那怎麼

辦？」他說：「只好等第二號最合拍的人出現囉。」「那跟你最合拍的另一半出現了沒有？」他笑得更可愛：「幸好，她算到我的另一半還沒有出現。我很心急哩！」

等候，是愛情中最無法抗拒的誘惑，也是最磨人的虐待。擇偶挑剔的，怕走了眼錯失抓緊另一半的機會；隨便濫交的，又怕愛得太濫，待真命天子出現時不懂珍惜讓他白白溜走。到底，我們怎麼知道另一半真的出現了呢？真苦惱。

神話的魔力確實相當強大，叫幾百個世紀的癡男怨女越等越心慌。一次機會，輸不起。

我也相信有緣遇到最合拍的愛人最幸福不過。可是，有沒有想過「另一半」的神話，其實可能是有史以來最長壽最弔詭的玩笑呢？又或者是古希臘智者為「自我」之謎所構想到的最有智慧的謎語？

應該怎麼說呢？煩惱和焦慮令人活得很分裂，經常冀盼找回散失的自己才安心。於是，人將散失的自己簡化成對另一半的追求，假設一個能整合自己的愛人。

所謂尋找另一半，大抵是生命走得太累了，借助尋找別人的忙碌，可以暫時忘記面對自己的疲累。

可諷刺的是，當我們以為找到另一半時，又迫不及待地要對方變得和自己一樣，變成自己的一部分，合二為一，中間不能有距離，甚至搞個什麼愛情辯證法，將你和我融合變成新結晶，你不再是你我不再是我，便以為已經很開明很浪漫了，完成自我複合的神話任務。啊，原來大家忘記了古希臘神話最弔詭的特性：荒謬和悲劇性。以為找到另一半和自己合併時，悲劇才正式開始，因為在整合的過程中，我們一廂情願把兩個一半都毀壞了，各自受傷。難怪愛到最終總是支離破碎，變成眾所周知的淒美和痛苦。唉！

我想把神話的下半部說下去：當人找到最合拍的另一半，忘形地要把對方合併到自己的缺口上去，可老是合不上。原來，人忘記了在尋找另一半的過程中，自己那一半以自己的方式和命運過著自己的生活，另一半也跟隨他自己的方式和命運過著自己的生活。大家都在改變，已無法變回原來等候複合的那一半了。千年的任務擔子應該變得輕鬆多了，不是嗎？

當兩個一半再遇時，已毋須以統一或合併的方式也能相處下去，只要雙方還願意相愛，不執著要合二為一。然後，在不同的時間，各自遇到當時最適合自己的另一半，結果，大家經歷了三五七次戀愛，嘗過美好的回憶，試過受傷的經歷，總之，大家在成長中愛戀，也在愛戀中成長。

我們都是這樣愛過來的，不是嗎？

人是靠不斷自我分裂和自我再生活下去的。愛並不需要等待。愛就在這一刻，準備一個可以隨時愛、愛到盡的身心。簡單地說，就是自愛。

另一半，不就是你自己！

兩個人有什麼好做

懂得保持距離，適當地離開，到懷念時再相見，這樣的關係，遠比永恆地黏在一起更長久新鮮。

兩個戀人坐下來，努力想著有什麼事好做、有什麼話題想說時，你可以想像，他們還能在一起的時光大概已經所剩無幾。

兩個人有什麼好做？不如看戲，不如去吃火鍋，不如去泰國玩玩，不如約大夥兒去唱卡啦ＯＫ……

當兩個戀人感到需要以大夥兒一起活動的相處方式消磨時間；當兩個戀人感到二人世界有點侷促、變得太悶時，你也可以想像，他們已經不能忍受單對單時不知所措的困局了。

兩個人一生一世在一起，是多少戀人夢寐以求的戀愛目標。浪漫地想像依偎

在愛人肩膀上看星星，香檳酒杯倒影裡臨上床前的甜蜜淺笑。可想像終歸是想像，現實終歸是現實。兩個人在一起，終歸有些實質的事情要做吧！問題，就在這裡。

就如決定要尋找真正深愛的男人的R，她已不知還能和相處多年的男人做些什麼，大家早已失去樂趣。「平時他很依賴我，一天打很多次電話給我，煩得我都不想見他。」她要的大概是男人的愛，不是接男人的電話。剛和已經感情變淡的他旅行回來，溫柔又感性地對我說：那個地方，一定要和深愛的男人去，一定要。說來少了興奮，多了遺憾。

失戀兩個月的客戶M紅著眼告訴我，她跟所愛的男人就是無法一起做點什麼，她試過為了能天天和他相見，時時刻刻知道他的所思和所行，建議一起開間小咖啡書店，實現白日夢裡和男友搬書賣書、泡咖啡和摸貓貓的溫馨情節。結果，男友一想到要打理店鋪十分麻煩便說怕怕，再說下去，男友才吐出真言：兩個人一起工作，時間不好打發，沒有空間，會很侷促。

很正確的見解，我也不贊成戀人一起工作。問題是M聽了男友的真話後感到很受傷害。「兩個人不是一起做一點事情才能維繫感情的嗎？既然兩人相愛，為什麼會不想見對方？這是什麼理由？」

這是愛的理由，我只能說。相處和相愛根本是兩碼事。

愛可以很純粹，不食人間煙火，浪漫得離經叛道，極度深情至死不渝，來世再約定相愛；但相處是包容和溝通的藝術，嚴格來說是一種技能，需要智慧，還得不斷進修。

聰明的女人不會逼迫愛人說出不想和自已幹活這種話，M要進修的就是這種溝通技巧的智慧，不應讓男友說出老實話，留一點餘地給自己下台階不是更好嗎？

又譬如，母親愛子女，但很多子女卻怕面對母親，怕聽她囉唆。這之間也有愛，但你不明白我，我不明白你，你的見解已過時，我的立場不懷舊。這種關係，也需要隔一點距離，一點良性的距離。

懂得保持距離，適當地離開，到懷念時再相見，這樣的關係，遠比永恆地黏在一起更長久新鮮。

很多女人自尋煩惱，就是太執著，總想把愛人留在自己的視線內，令對方窒息，自己難受。

遠一點的風景，多一點想像和希冀。這是我們在枯死的生活中渴望旅行的最大意義。

兩個人，兩個世界

每個人都有盲點，最大的盲點是維護自己的盲點、否定別人的盲點。

表面逞強的我，其實擁有很笨的盲點。首先是非常沒有方向感。餐廳廁所出來時冒失闖進人家的廚房；回家上樓開錯人家的門鎖；車上驚訝於司機竟看得懂超現實的路牌不走錯。上次到麗江，即使每天都在古城幾條小巷重複走上幾百遍，住到第七天我還是會迷路。愛人問我想買的東西在哪裡，我支吾以對亂闖亂撞，好脾氣的他也氣壞了，急得我差點哭出來。面對自己不被理解的弱點，殘廢一樣的無助感，哎呀，真不能形容。

其次是投資。誰都勸我要學點投資知識為將來打算。我知道我知道，只是面對一大堆百分比和回報率便頭痛得要死，好心的朋友給我淺白地講解一萬次，我還是搞不清基金經理是誰，他和基金、股票、債券有什麼關係，每每重問令人咋舌的愚蠢問題，戰戰兢兢想知道到底要把錢投進怎樣的大海。

總之，是另一個世界的生態，我像錯配到地球的生物，欠缺好幾萬種與整個世界合流的基因。我再強，也不過如此，難為別人包容我。

沒有人是全知的上帝。

正如我永遠不會明白為何人可以言出不行，說完或者腦海想過了便以為已完成了，永遠沒打算把說過的予以實現，猶豫不決、決而不行，叫人白等待；同樣，大抵別人也永遠不明白我為何做事那麼性急那麼快，說完過後馬上要行動，倒也是病態，甚至給稍遲行動的他人莫大的壓力……總之，自己認為是天經地義的信念、最自然不過的本能，於別人卻是無法理解甚至不能原諒的錯。反過來，別人的地球，卻又是我的冥王星，毫無接通的餘地。原來，世界是公平的。

兩個人，兩個世界，我的寶貝是你的廢物，你的信仰是我的毒藥。

每個人都有盲點，最大的盲點是維護自己的盲點、否定別人的盲點。結果我們有衝突，積怨氣，互相擦傷對方的自我。

如剛分手的A控訴B說：「他總是做不該做的事，又不體諒我，根本不明白我所受的苦。」（是啊，戀愛總是要默默地受苦，慘的是對方死蠢不知道。）

B慨嘆說：「我最需要她支援時，她卻只管埋怨傷害我，根本不知我到底最需要什麼。」（是啊，愛戀中最大的傷害是對方不明白自己的需要，卻說愛自己。）

A：「愛他就會想他好，偏偏他什麼也看不到，把我的關懷當負累。」

B：「假如她愛我，她應該明白我才對，她卻只想改變我。」

明白是一回事，理解是另一回事，接受更是兩碼子的事，改變就是更遙遠的手術室。愛是醫生，也是更新的細胞，能包容到重生的這一天，卻十中無一。

盲點，就是盲點，盲得沒道理，少一點包容和耐性，情緒自會塌下來，壓死愛。我們都有沉積多年的自我執著，而自我世界裡只有思維（mind）程式沒眼睛，很難容下其他可能性。我們若不時刻自我觀照，放下自我，學習寬容、接受和開放，理性地體諒每個人最不可思議的盲點，我們怎能相處、怎能寬容、怎能愛？

再看，盲點也有正反面，在一個人的世界裡，自有它特殊的作用。譬如迷路其實可以很享受，讓自己習慣孤獨不鬱悶，每天到處有驚喜，不怕獨自上路。是盲點還是優點？正面看事情，總有啟示。

兩個人兩個世界，可以保持距離地親近，

多一片天空，多一縷清風。世界不再一樣。

探進彼此的世界，參透盲點的啟示，取其正面能量。兩個人，可以一起愛。

嫌棄你

胸襟打不開，因嫌棄而失去，才是天下最寂寞的人。

你可曾發現愛人不再可依，或者太依賴自己時，便開始嫌棄對方？從前美好的優點，變成今天嫌棄的指控；從前看在眼裡的英雄本色，今天變成瞧不順眼的累人死症。「當初是我看走眼，盲目看不清他的無能。」多少戀愛關係，未到七年之癢，紛紛落入嫌棄定律，自我膨脹，把對方推得遠遠的，然後一聲「我們之間有距離」，親手炮製分手的宿命。

從依賴到嫌棄，原來只隔一線，在一念之間暴露或看破。

富有的讀者P控訴受不了妻子還照顧貪得無厭的母親，開始嫌棄她的家庭背景。「想過和她離婚算了，不想再煩。她應該懂得在我和家人之間取捨才對。她需要我還是家人呢？」P沒想過，妻子承受著互相牴觸的愛的壓力。愛他，愛家人，卻要取捨，儼如生死抉擇。丈夫欠缺體諒，只看到自己。

客戶A和丈夫結婚十年，丈夫寵愛有加，把她放在生命第一位。問題是，他是個低下層男人，沒唸過大學，喜歡看笑片，無意進修英語，最佳娛樂是打麻將和賭錢。可是，他替妻子燒飯，收入全數給妻子，做愛時照顧她的感受和需要。A卻瞧不起他，嫌棄地說：「每每看到他打麻將時投入忘形的樣子便想殺了他，馬上離婚。他太平凡太無用了，我的理想丈夫是個有教養、有品位的男人。」

A卻既依賴又嫌棄這個男人，身心享受著丈夫的愛和照顧，思想卻飛到高檔次的愛情幻象，妄想被高級知識份子看上和愛上。可她最終卻和另一個男人搞婚外情，對方是有婦之夫，條件並不太理想。「是命中註定我要和不完美的男人相遇嗎？」

也許是吧！不過，命中註定的，還有她的依賴和虛榮，和丈夫無條件的包容和付出，只是她看不到罷了！觀照不到的話，便是無福消受的可憐世俗人。

客戶B埋怨男友遊手好閒不中用，從前看他可靠可依才和他在一起，如今自問不知還和他一起幹嗎。語氣盡是嫌棄與惱悔。她問：「再戀愛的話，一定要找個可以依賴的、給我安全感的真男人。」我問：「怎樣才算真男人？你到底想依賴他什麼？工作穩定？從一而終？懂得照顧你？永不離棄你？收入全給你？」

Ｂ想了一想，說大概是這樣吧！看得出，她心裡七上八下，一點把握也沒有，準是被自己超現實的想法堵住了嘴巴。

嫌棄不再可依的人，等於相信人將不死，福德一致，應有１００%的男女，和可以依靠一世的伴侶一樣。我不敢說這樣想很幼稚，只能說我寧願謙虛一點，感謝有幸能包容身邊不完美但有愛的戀人，珍惜緊靠在一起的飄瞥時光。一個人的時候，有力量挺著愛的信念堅強活下去。

胸襟打不開，因嫌棄而失去，才是天下最寂寞的人。

丈夫嫌棄妻子的身材走了樣；妻子嫌棄丈夫不洗澡，不懂賺大錢；女嫌棄男不夠豪氣，在朋友面前丟臉；男嫌棄女只懂依賴，亂發脾氣不夠溫柔。我嫌棄你太依賴我，你嫌棄我帶給你噩運。到底，愛還剩下什麼？

下次想嫌棄愛人時，請先看看自己。

愛，最怕退步

每種性別都有他們的死穴，每份感情都不能強求專利，這可能並不是每個人的意願，但起碼是每個人都要面時的感情現實。

你我都把男女關係看歪了。

關係是很複雜的東西，很難一刀切說清楚誰是誰非，為何不對勁，又想在一起？最怕男女關係定型論，和港劇《金枝慾孽》現代版的計謀和城府。很多時候是緣分未夠，愛欠深度，要求太多，自省太少，所以還有其他東西可以拉開彼此的距離。權力、機心、策略、執著、糾纏、工作、寂寞、貪婪、苦悶、誘惑，都可以把至死不渝的感情一下子推翻。還有，把太多妄想放進關係裡，已經足夠累死人。

甲無法明白乙的需要，交換角色的話，乙也無法明白甲為何會有某種反應，為何可以用某種方式維持一段或多段關係。然後，甲問乙到底有沒有愛過她／他，乙答這不是愛與不愛的問題。諷刺啊！真正有愛、懂得用愛而不是靠說話溝通的人，根本不需要解釋和理由，甚至不需要說我愛你。不明白的卻越解釋越不理解，越多理由越牽強。男女關係到底為了什麼？一個向左看，一個向右看，或者兩個都想向前看，卻站在不同的方位，失去共同的視點，還有什麼好看呢？不如改變自己，或索性換個伴侶。

每種性別都有他們的死穴，每份感情都不能強求專利，這可能並不是每個人的意願，但起碼是每個人要面對的感情現實。

每個人都有他的私隱，每個人也有與生俱來的私慾，可以分享和滿足是緣分，不可以也不能強求。對方可能願意為愛人專一，但新戀情和感覺一出現，又是無法控制的緣分，人就在這些本性、命運和貪婪的慾望中糾纏一生，因愛之名。能看穿看透並且接受和承擔的，其實沒有多少人。因為，承擔需要很大的勇氣和能量，才能把脆弱打倒。

問題出現了，對方表示願意努力做點什麼補救的話，你其實只有兩個選擇：一是賭一注，希望中獎，給自己和對方重生的機會；二是決絕離場不再玩，找個新對象，再賭另一場。

感情關係從來是賭注，因為還未提升到無私的愛。

能超越關係貼近愛的時候，局面便不再一樣。只能說緣分在，彼此能量合得來，便一起好好走一段，珍惜擁有時的幸福，準備離開時的適應，和再上路的力量。

最終唯一一生一世的永遠是自愛，沒有比這更堅定不移、天長地久的愛情了。

我們若能抓緊這份愛，便是人生最終極的追求和意義了。

愛的對象是誰重要嗎？重要的，假如對方可以和自己同步走，是可以互相扶持的緣分，和他分享愛，看彼此的生命提升到哪個層次，能不能超越關係、時間，被愛包容。天下男女相遇相依靠，除了一連串世俗、自私的想法和慾念外，還有其他東西嗎？能不能從愛中進步，了解愛多一點，愛得更寬容，捨棄痛苦，追求平和甚至終極的孤獨呢？太多人越愛越退步，越愛越自私，越愛越霸道，越愛越虛弱，越愛越怕愛，比未愛前更不可愛。愛是必須依靠別人還是可以自足呢？還是可以兩者並容，獨立地互相依靠一段路？

只能邊走邊成長。

愛，最怕是退步，不是找不到答案。

變身男女

進入對方的世界窺看一下，以往一切的偏見和迷執，將一一破解。

因為當療癒師，才發現原來自己是雙性人，能接通男女之間曖昧了幾千年的情感秘密。

很多女客戶向男友求證過後，又驚訝又費解地問，為什麼我能像替身一樣，在開解她們的當下，變成她們的男人。「他和我說的，跟你預先和我說的，竟然一模一樣。」我也覺得很神奇，雖然感覺並不陌生。是我的潛意識打通了前世今生的雙性情史，我的命中有女有男。

請你問自己一句：我是對方會怎麼辦？

試著站在對方的立場上細膩地想一想，無法做到的話，找治療師打開自己的潛意識，

進入對方的世界窺看一下，以往一切的偏見和迷執，將一一破解。

原來，她是這樣想的；原來，他其實是愛我的。他有他的抑壓，她有她的眼淚。

不是沒可能的，只要打開心眼，愛的心輪會變得雪亮，能看穿人世。

客戶M向我控訴男朋友不夠主動，感情遇到阻力時沒有努力爭取，她自憐地問：「為什麼他不替我著想一下，我為他付出那麼多，他就不能為我多做一點點？他到底有沒有愛過我？」

M的學歷和文化背景都比在農村長大的男友強，她還是他的上司。他要確認和她的戀情，除了要說服家人外，更難的關口是她。她，永遠高高在上。M以為為了男友已付出了很多，包括願意和丈夫離婚，投奔到內地和他一起，可是，她卻不知道，連她的愛和為他付出的行為，對他而言都是壓力。他無法為她保證無憂的生活，他能付出什麼的話，大概只有默默的愛。M卻怨他不像男人，畏首畏尾，愛她不如她愛他深。

女人總喜歡問男人到底有沒有愛過她，愛得有多深；男人問的卻是愛過又如何，我可以做什麼？

我對M說：「請跳進他的世界敲敲門，他其實想對你說：我是真的愛你，不過我沒有能力，我感到很大壓力，對不起！」M沒想過男友的處境可能是如此無助，原來並非不愛她。她，半信半疑。

一星期後，M通過電郵告訴我，他終於向她剖白內心積壓的苦衷和壓力，對她的愛無能為力。她赫然首次走近男友乾涸的井口，不知他對自己的感情原來深邃得那麼空洞。「你是通靈的嗎？為何能洞悉男人的想法？你不是女人嗎？你到底是誰？」

我是女人，也是男人。你也可以是。

還有D的迷執。他是我很要好的朋友，這幾年際遇不好，幸好女朋友一直在身邊伴著他走。只是，那夜他還是打電話給我，埋怨女友漸漸疏遠了他，找藉口陪家人也不想見他。一星期見面不到一天，寧願靠網絡來維繫關係。他說：「我

覺得我倆的性格越來越不合拍了。我很希望她能在這段日子給我更大的支持，希望她多關心我。她卻說在我身邊已經是支持我了，我需要的是別的。」

問題是，D看不到女人的付出。他欠債、潦倒、懷才不遇，有前妻和孩子要照顧，還有數不盡的個人情緒問題。他需要女人無條件地付出和包容，像兒子一樣被呵護。可他不知對女人而言，和像他那樣的男人戀愛壓力有多大，感情薄一點的話老早已跑掉。D還有什麼不滿呢？在墮落的男人面前，女人都份外冷靜，明白最重要的是保持自己的平衡，保住工作，提升EQ（情商）和AQ（抗逆智商），深信兩個人不能一起潦倒，這樣才有能力扶持他。男人卻不了解，以為女人不能和自己共苦。我說：「她沒有說錯，還在你身邊已經是很大的支持。相反，你除了證實不能給她安全感以外，又為她做了什麼呢？請不要粗心地失去她。」

當我們不再執著性別，打開潛意識的大門，
原來可以蛻變成隨心所欲的性別。

女人會好奇，她和她到底哪方的愛多一點？男人會想知，到底要做什麼她才會開心？兩個問題，你再細膩一點，就能感同身受，明白男女之間很多言語以外的真理。

我怎能了解他

每個人都有兩種性別的特質，那是男人的女性本質，和女人的男性本質。

那天，和純粹的H共進晚餐，小巧的燭光映出他身上固有的素白，和他非常女性的感觸。他溫婉地說：「原來，男生自小便逞強，為了成全自己傷害別人。」這個我知道，就像女生自小便曉獨佔人家的寵愛，叫人失去愛的自由一樣。

H是我見過的少有的能活現女性美的年輕男生，他活著就像是為了活好體內的女性本質一樣，令人動容。而我卻一直有個感情上的夢：像一個男生一樣深深愛戀一個女生，一生一世。到底怎樣才算是「像一個男生一樣愛戀一個女生」，這大抵很難說個明白。我擁有女性的身軀卻希望像男人那樣去深愛一個女人，這到底是怎麼一回事？

我天生有種異常強烈的、性別分裂的感覺：當男性能量湧現時，我會變成一個男人，能深深體會到擁有男性身體的界限，強烈感受到男性「整裝待發」的放

射性能量，那是多麼強大的慾望和力量，不需要感情的支撐。能擁有一個純粹的、獨立的、不容禁錮的自由身體，在這個男性主導的社會裡，只要有足夠的自信，本身已經是力量，只要足夠自信的話。所以，發放性的男人，會渴望尋找女性接收自己的能量。那個我，身體便是一個大海洋，很想愛女人。

當女性能量澎湃時，能量便由身體轉移到心輪，那裡有無涯的接受性能量，叫我忘記了身體，整個存在就是愛。那是一份「收心養性」的圓融：子宮無限的承擔，陰道收放的包容，乳房陰柔的溫度，準備好可以承受世上最堅強的力量，哪怕是世上最大的傷害，也願意包容。女性的眼中，愛比生死更重要。那個我，心便是一個大海洋，很想愛男人，愛世上應該愛的人。

能像我這樣雌雄同體的存在，必須非常堅強，世上再沒有誰比自己更清醒和孤獨。當心，我並不是在談男人和女人，我是談男性和女性。兩者是不同的。

每個人都有兩種性別的特質，那是男人的女性本質，和女人的男性本質。

我們只是在鼓勵單向發展的文化習染過程中，習慣將單一的性別張揚、放大，在性別角色上努力地做很多功夫，讓自己變得更像一個稱職的男人或女人而已，卻忘記了潛藏的另一個性向，那個令我們的生命更圓滿整合的內在異性。我們粗心地失去了隱性的「另一半」，結果，眼前全是一大堆男女是非關係，你不明白我，我不理解你，卻無法停止愛恨糾纏，錯過許多青春歲月。

多少男女，強迫症一樣，窮盡一生粗暴地踐踏異性的禁區。女人永遠無法明白男人愛理不理和優柔寡斷的生活方式自有他的道理；男人永遠無法理解女人生死攸關地執著身軀和愛情，也有她世襲承受的壓力和需要。我們可以靠文化研究、心理學甚至醫學的兩性學術分析解剖男女，卻可能永遠在兜圈轉，看不透真實的眼前人。問題正是：

陰陽本質是為互相包容，協調生命能量，而不是服務彼此思想裡塑造的那個男人和女人。

奧修（Osho）說得好：「如果一個男人變得具有接受性，那麼生理上他仍然保持是一個男人，但他的內在已經變得更像一個子宮。唯有當一個男人的內在變得女性化，他才能夠接受神……要具有全然的接受性，你將需要去學習如何成為一個女性。」

當你不夠包容的時候，不妨學習貼近一顆女性接受性的心。

當男人活出他的女性，女人活出她的男性，從了解異性的執著中，返回了解自己的原始性，我們才能夠成熟處理男女間的愛。

單有愛是不夠的

很多愛情關係失敗的原因不是愛得不夠，反而可能是愛過了火。

愛情失敗了，我們容易質疑對方到底有沒有愛過自己，是否不夠努力去愛。不過事實上，很多愛情關係失敗的原因不是因為愛得不夠，反而可能是愛過了火，一廂情願地付出，卻沒有察覺對方的真正所需，白花了心機。

兩性在處理愛的力度上存在頗大的偏差。女人傾向過份努力費盡心神去付出，容易不自覺地因沉溺、上癮而製造壓迫感；男人則傾向過份懶散或理性地處理感情關係，對不能理解的感情需要無法投入和花心思，結果讓女方覺得他心不在焉，懶惰不夠努力，她總是付出比較多。

原來單有愛是不夠的，因為愛侶要面對和接受挑戰的更多是如何去理解對方的需要和感受。

假如雙方對愛的信念不夠堅強的話，單是這兩點已經足夠毀壞愛。

男人以為理解和滿足女方的需要便能解決問題，女人卻認為男人應該先融入她的世界，先關注她的感受，

這遠比先處理現實問題和需要更重要，因為解決需要只是世俗和物質性的滿足，可以不帶感情不用花心思，可是關注感受是細心的表現，只有從心出發才能表達愛意，所以女人特別希望男人能為她們花盡心思，逗她們高興，對她們而言，即使你是虛偽而為，她們還是覺得你愛她。

問題是不善用心這個器官的男人，再絞盡腦汁也搞不清到底女人想要什麼，雖然已經費盡腦力，還是不被諒解。

男人怨女人沒頭沒腦，女人怨男人沒心沒肺。

沒有表達愛的適當方法，儘管你有再多的愛，在對方眼中也不過是個不合格的情人。

愛女人是藝術成就

女人需要的不是男人不合時宜的分析或意見，而是要你留意她當下的感受。

很多男人不知道，女人常有令人費解的情緒反應和行為，往往並不反映她的真實感想或真正需要，很多時候連她們自己也不能馬上了解自己的思緒。

這跟女人的生理結構有關，因為女人管理情感的腦部結構比男人的發達和複雜，也跟男人壓抑情感的性別文化有關，令男人無法打開心窗，感受女人細膩豐富的情感世界。

女人表達情感的波幅遠比男人的開放。女人需要男人先認同她的感受，男人卻只懂得妄下判斷，表面上是希望迅速解決問題，潛意識裡其實是希望縮短溝通時間，透露男人原來終歸害怕溝通，更無力面對錯綜複雜的感情世界。

女人需要的不是男人不合時宜的分析或意見，而是要你留意她當下的感受，

像孩子哭喊不一定表達傷心，其實只想引你注意，提醒你已忽略了她。只有利用情緒的強烈反應，才能打破你漠視情感交流的圍牆。當女人轉彎抹角時，你應知道她在等你肯定她，可能正是你過份自我中心傷害了她，讓她感到不受關注，需要自我保護，所以才不敢直接表露自己。

先沉默，運用身體語言如擁抱和愛撫給她肯定，遠比你跟她理論和說道理能更快地讓她平靜下來，然後再跟她好好溝通，問題所在才容易顯現。

都說愛女人是一種藝術成就，也是男人學習打開情感禁區的自我修行。

兩性溝通的真相

——男人不想記起，女人不忍遺忘。——

男女有很多溝通上的誤會和矛盾，原因是彼此對語言的製作目的、後期處理和生效日期的準則大不同。

女人投訴男人光說不兌現，不知男人其實不擅長溝通，希望盡快解決問題，在未理解女人真正的心意前便妄下定論和建議，以為問題解決了，對說過的也毋須費神和在意。男人是逃跑的動物，語言只是工具，承諾只是手段，容易講完便算，甚至寧願借助失憶逃避承擔，卻不一定是存心食言。

男人蠻多不知所謂的空話，大多只是溝通動機薄弱、有心無力的慣性後果。

男人怨女人執著於陳年舊話，不知女人是靠情感製造記憶和安全感維生的動物，特別重視說話的情感語境及其引申意義，編織她們的人際關係內窺圖。女人沒有安全感，要從語言承諾的記憶中製造愛和被愛的真實感，難怪流於活在過去，忘記現在，是時間的奴隸。

女人要說很多話製造充實感，可說話多半是因為怕孤獨，多於真正想溝通。

男人的溝通基礎是當下的意願，盡快解決問題，離開對話和關係。

女人的溝通基礎是製造永恆感覺、意義和記憶，盡量延長對話和關係。

男人不想記起，女人不忍遺忘。

每個性別都有死穴。別傻了，真愛是無法通過執著兩性溝通而建立的。

不能談的不要勉強

溝通的重點不在語言，而在心，
可惜用心溝通是現代人最殘缺的能力。

M要求和男友坐下來說清楚大家的關係，可男友冷淡地說沒什麼好談，問題不在那裡。

M不甘心，覺得她已盡力修補關係，他卻不領情也不重視修補，無奈關係已經走到了盡頭。明知關係出現了問題，可以開心見誠談一次當然很好，但因為久經積壓而變壞的歷史問題，令對方可能已經失去開口談的意願和信任了。

「每次想談他都避開，還要拖下去嗎？他到底想怎樣？」

不同人有不同的溝通風格。有人喜歡什麼都要說清楚，卻可能製造更大的壓力和衝突，把問題複雜化，尤其是涉及不能用語言說清楚的感情之事。

修補關係的原則是可以談的便談，不能談的不要勉強，也不能執著。

溝通應該像流水一樣，不能隔著沙石，

不然會翻起波瀾，即使水還是繼續向前流，

卻不一定到彼岸。

假如無法把話說清楚，便要依靠別的途徑。

溝通的重點不在語言，而在心，可惜用心

溝通是現代人最殘缺的能力。

感情的交流只適合細膩深層的方式，心有溪水的溫柔和海洋的澎湃等多重層次，擅長傳情達意，觸動心靈。

水磨的力量，能平滑堅硬的石頭。學習開發心語，和愛人關愛地溝通，遠勝千言萬語。

表達情感很重要

——無法表達情感會令人內在失調，情感便秘。——

男客戶A經歷了兩次婚姻失敗，現在交上新女友，害怕會重蹈覆轍，再次令女伴失望離開。像很多男人一樣，他的問題是不懂得也不敢表達自己的情感。怕表錯情，怕被拒絕，怕被對方看穿自己，怕這怕那怕怕怕，根本不知道人應該健康地表達自己的情感，沒有害怕的理由。

壓抑情感、無法表達情感的人容易患心理病，因為情感是人與生俱來需要轉化的能量，就像做夢一樣，具有釋放、補給和創造的功能，是人天然的排毒補身機制，可以平衡生理和心理。

表達情感有很多方法：說話、唱歌、情書、跳舞、繪畫、擁抱、傻笑、烹飪、短信……讓自己和對方彼此交感溝通，增進了解，建立情趣、信任和愛。

日常生活太缺乏情感慰藉的元素，所以我們渴求表達自己，也渴求看到對方動情的表達，印證生命還有沖擊心靈的動力，還有沉悶和慣性以外更多的可能性。

不是誇張，

無法表達情感會令人內在失調，情感便秘。

別收藏自己，也別怕輸掉面子。表達但求知音，也是藝術，要有適當的方法和處境。

能遇上渴求向他表達的對象是有福的，但也要顧及對方的感受，別過份沉溺，令人感到壓力和不安。

男人的承諾有限期

當兩個人無法再進一步發展愛時，承諾自然失效，這也合情合理。

一位讀者問：「為何女人喜歡記住男人對她許下的承諾，但男人卻會連自己講過什麼都不記得？素黑你不覺得男人的承諾應該是安全感的一個來源嗎？女人似乎不斷在那些承諾中證實自己的存在價值。」

嗯，最後一句，便是問題所在。

很多女人發覺男人的缺點是應承太多，履行太少。可以從兩方面分析：

一、男人不善辭令，不知女人對說話過份認真，不知女性記性特別好，不知自己原來無能為力，心想守諾但力有不逮。

其實男人很多時候因為女人喜歡聽承諾，所以當承諾便是愛的表達，可是女人要求承諾兌現才算愛。

二、女人過份執著過去，過份高估男人的能力，過份活在過去，記住已過期和不合時宜的說話。唉，當你閱歷深了，你會明白，

每句話都有個限期，而限期不在於時間，在於容受情感的極限。

感情承諾的生效期不如打工或婚姻合約，甚至不如印在罐頭上的法定限期。能提升的感情根本不在於承諾，而退步的感情又把承諾淡化，甚至變得荒謬或諷刺。當兩個人無法再進一步發展愛時，承諾自然失效，這也合情合理。

不該留的，不要留住。要他守諾，不如先讓自己堅強。

不靠承諾還可相愛的，愛才真正出現過。

失戀男人的私密感情

年邁的母親能讓失戀的中年男人總算有機會去愛一個女人。

幾個女朋友都愛過年紀較大的所謂「失敗男人」，她們失望地告訴我一個有趣的現象：這些事業愛情皆失敗的男人，都不約而同地特別孝順，甚至在戀愛時，對母親的關懷比對她們更甚，直令她們大表不滿，認為他們有戀母癖。

幾個女子的結論是：失敗男人最大的敗筆是寧願當孝子，也不願意在愛情上付出多一點，大概是害怕長大，不想負責任。

在母親和女友之間二選一的難題，只會從小心眼的女人口中吐出來。不過有趣的重點不在此，而在年紀漸大的男人對年邁的母親特別尊重和有耐性，對女友卻很快便不再用心經營感情關係這點上。

男人不見得是天生孝順的生物，不過隨著愛情失敗或者對女人失望的次數多了，自覺可能一生也無法了解女人，很難再寄望於愛情，卻還覺得需要去愛女人。於是發現世上最包容自己的原是多年來一直忽略的母親，假如她還不算太霸道和囉唆的話。

母親大概是世上唯一能讓男人從此以後無條件放在首位去愛的女人，因為她不會離棄你，她隨時需要你展示能照顧女人的能力。

原來男人偶爾也像女人一樣，需要追求不離不棄地為所愛付出的感覺。

在愛情失意時才記起親情的可貴還不算太遲。年邁的母親能讓失戀的中年男人總算有機會去愛一個女人，讓自己愛得像個男人一樣沉默、包容和無奈。這點，不是一般女人能理解的男人私密感情。

男人的生理還未進化

男人不擅長表達和付出愛，
更莫說要求他們給你安全感。

R的老公見異思遷，嫌她婚後變胖失去性魅力，於是在外邊找年輕貌美的女人。R不明白從來是君子的老公為何會變質，一夜間覺得老公像野獸一樣很陌生。

男人的生理進化比女人慢，哪裡有美色，有包容他的溫柔，他便跑到那裡去，這是男人的動物性本能。女人較進化，肉慾以外還追求愛和安全感。男人比女人更容易越軌，因為要滿足男人生物性要求的條件並不難，要找性和滿懷母性的女人愛自己相對來說太容易，但能讓女人感到安全，愛到永恆卻非常困難。男人要平衡肉慾，女人要平衡心理，可後者不是外界能賦予的，關鍵在心，需要心靈上的修行。

男人不擅長表達和付出愛，更莫說要求他們給你安全感。他們有不安定的本性，很難讓女人感到安心。女人也要檢討，為何有了老公便放棄美麗？

愛美不為取悅男人，更多應該為自己，這是保持自信的基本功。將心比心，換作是你的男人變得肚滿腸肥、頭髮禿掉，你也寧願躺在身邊的是金城武！

女人其實可以再進化一步：與其百分百依賴男人給你安全感和愛，不如從自愛開始強化心安感覺的層次，追求更高價值的愛。先愛自己，令自己變得美麗可人，站在鏡前深感自己值得被愛，你將不怕失去什麼。

男人的生理還未進化，女人卻有心靈條件追求更大的福樂，只要你懂得欣賞自己，向前看，別退步。

別妄想修補男人

沖著母性的關懷和愛心，希望愛一個不快樂的男人，是女人濫情的病態。

最近有人在我的網頁上寫了很有意思的留言，意謂人很矛盾，到底應選擇成熟，還是堅持幼稚地快樂？能同行的人，未必相愛很深；相愛很深的，又未必能同行。有時甚至覺得，女人最可怕的愛不是來自愛情，而是母愛。

客人K的問題正好相似：已婚男友很難做到離婚，又不想放棄她，她無法放手，理由是他有不幸的過去，妻子無法給他幸福，只有她才能給他他所需要的愛。

動人的理由，卻相當荒謬。

女人濫發母愛的本能，令她們失去定力和清醒，盲目地栽進女人喜歡修補男人的陷阱中。

沖著母性的關懷和愛心，希望愛一個不快樂的男人，是女人濫情的病態。

男人也有覺得需要保護弱性女人的性別使命，也是逞強的病態。

說到底，不論男女，只要你不是身體或腦袋嚴重殘缺的不幸者，也有責任承擔自己的生命。學會照顧自己，不為別人增添痲煩，已經相當不錯，不強求你貢獻別人。

女人毋須可憐婚姻殘障的已婚漢，也毋須包庇維護面子靠你養又中傷你的失業丈夫。

別為了修補男人的殘缺，傷害自己的幸福、尊嚴和健康。你應當知道那有多麼不值得。

不忠是害不是錯

貪慾有害，卻不是錯，否定和怨懟才是情變關係自招的禍根。

F自稱因好奇好色嘗試婚外性，被妻子發現還諸多隱瞞，最後妻子鬧離婚才後悔，說他其實愛家愛妻子。可妻子已不再相信他，每天問為什麼會這樣。

男人大概都不明白女人為何執著完美的愛，視隱瞞為破壞愛情誠信的背叛。

女人受不了男人還像孩童一樣貪玩兼說謊。男人很難集中精力只為愛而活，還留有好勝任性的基因。

男人最惹女人討厭的不是花心，而是花心而沒種承認，還要合理化自己的慾望，視女人的失望為病態。

當然，嫖客也可以是君子，好男人也可以很虛偽。

一個人是否可親可靠，在於人格和誠信，

是否對行為和縱慾負責任。

啊，別只怪男人，女人一樣有很多不忠的慾望。

情慾面前，兩性是沒有分別的。

面對伴侶的不忠，假如對方肯放下面子承認所為，承擔後果，不妨大方一點接受和體諒，受不了也可以爽淨一點離開，再見亦是朋友。沒有人有權用道德判斷你的選擇，你只須向自己的感受交代和負責任便夠了。最怕選擇怨恨，死執不放手，這才是男女關係最大的孽障。

我們沒有資格判斷伴侶的道德，或要求伴侶按照自己的意願改變，先轉化自己的心胸更重要。

貪慾有害，卻不是錯，否定和怨懟才是情變

關係自招的禍根。

沒有免費的感情午餐

死守受害者的角色，自製我見猶憐的長期不幸，結果永遠是眼淚和自欺的奴隸。

受療者和讀者群中，原來一時衝動，需要借男人安慰自己脆弱感情的女人為數不少。

女人似乎特別容易寧願扮演弱者的角色，到頭來乘機佔去男人憐惜她們的便宜，卻又口口聲聲說得不到真愛，命運弄人。這是什麼道理？

貪字得個貧。利用他人填補感情真空的人，後果要自負。

成年人，要對自己的行為負責任。女人最大的毛病是被情緒控制，不能自已，感情用事，借男人的呵護滿足自己的貪婪，總希望得到一個或多個男人百分百的愛，不管對方到底是不是自己那杯茶。「是的，我很自私啊，但我控制不了。」

總有類似的藉口安慰自己，吸蝕別人愛的滋潤。反觀自己，卻不會對所有愛慕者回贈百分百的愛。「是他們自願的，我沒有強迫他們。」

女人啊，女人。

借自己的軟弱，剝削人家的感情和身體，怎麼看也是一種不負責任、佔盡便宜的歪行，得誠實地看到自己的懦弱和歪心。不能說一句「其實我並不愛他」，同時卻又貪婪地向他取暖，理直氣壯地享用貪來的溫情，竊藏自私的快感。

沒有「只有女人才會被傷害」的道理。多少受傷的男人，因為努力想了解不可理喻的女人而獨自憔悴，女人又何曾知道？

女人經常在認為被傷害的同時也在刻意或非刻意地傷害別人，製造受害者，兩個人受傷比一個人受傷好過一點嘛，唉，借女性獨有的軟弱和方便，假裝無辜掏空男人。自己最不想承受的傷痛，卻瞎了眼地狠狠轉嫁給別人。

當心！

脆弱不是剝削的藉口。

女人是內斂的動物，天性傾向把能量鎖起，不動聲色地暗算和收藏，又特別喜歡活在記憶裡，容易鬧情緒，感情失去理智，寧願浸淫在痛苦中不捨得放棄，借翻新痛苦的記憶，令自己無法離開早已腐朽的戀情，造就永遠癡纏的關係，永沒完結的假相，包裝成愛得專一的假道德，只不過是無法放下的心理把戲。死守受害者的角色，自製我見猶憐的長期不幸，結果永遠是眼淚和自欺的奴隸。女人，絕對不需要扮演這種失敗的角色。

記住一點：

我們要做回情緒的主人，拒絕受控。情緒並不等同於事件。是情緒動亂了，損壞了，不是事件本身。我們就是搞不清楚，認同了我就是那個情緒狀態的全部，自討苦吃，討好情緒和衝動，卻失去了自己。

我們可以通過自制的方法平靜情緒，保持清醒和自主，這才是成熟的心靈管理學。注意自制並不等同於壓抑，因為前者是覺醒後的行動，後者是迷失的反應。

所謂懂得自制，就是學習一套適合自己的情緒處理方法，一旦被情緒襲擊時，得馬上自我保護，提醒自己它只不過是借助軟弱打倒理性的純粹情感和思維慣性而已，找適當的方法打散負面情緒的集中點，如運動、靜心、瑜伽、看電影、做義工、搞創作、找知己傾訴、做個SPA、打扮自己等等，把正面能量全都掏出來。

幫助自己是需要決心和毅力的，並且必須是獨自一人走完的路，這是成長的責任。自療永遠是最實用、最實在的自保方法，誰都不能依賴。

我們不再是孩子了，不應以軟弱作為藉口放肆地沉淪，也不要恃弱賣弱，繼續剝削和利用愛自己的人。便宜帶來的舒服可能是一時快慰，日後處理亂七八糟、瓜葛複雜的感情債卻可以是一世的孽。記住：

從來沒有免費的感情午餐，貪方便討了好處

總是要補償的，只是遲早的問題。

感情債，你永遠不知道是否能償還得起。

你想做情聖

所謂怕失去是假的，
反問自己，你到底得到過什麼？

自覺良善的H說不懂得拒絕追求者，因為不想傷害人，可潛意識裡其實可能只想讓對方對自己留有美好的印象。結果她選擇同時和很多人戀愛，老是擔心會傷害、會失去。

很多人像她一樣，以為自己需要很多愛，可以去愛很多人，其實只不過是怕見鬼、想找人陪伴的膽怯需要而已，又或者因為害怕失去，所以寧願同時擁有很多伴侶，又是正選又是後備，原來是你不斷貪擁新衣新鞋、慣性補充新零食、買大堆無謂小玩意的病態變奏，安撫你空虛的心靈罷了。

唉，不過是對愛情假象投射的物質性慾望吧。說白了，你只是在蒐集男朋友，並不是戀愛。

你為何需要愛？這是你急需重新自問的問題，因為你早已遺忘愛的大前提，早已把愛變成擁有伴侶的假充實的感覺。

所謂怕失去是假的，反問自己，你到底得到過什麼？除了不斷增加的不足和焦慮感外，你一無所有。

很諷刺吧！你以為已擁有很多愛，所以怕失去，可偏偏你從來沒有真正愛過，只想塑造完美的自己，借伴侶的存在成全你自製的情聖角色，妄想被戀人一世記住、渴求和關懷。瞧，你其實多麼自私。

怕失去是假的，怕戀愛才是真的，因為你不想真正付出，只貪戀別人的心。

愛情是神聖的，貪戀卻是心魔。

分手也是朋友很虛偽

要是真的放下，才不再眷戀過去，
靠復活過去療養當下的情感真空。

G和男友分手已一年半，突然好奇他的近況，便以「普通朋友」的身份打電話給他，試探他心裡是否還有自己，卻換來他刻意地劃清界線，電話中途還跟身旁人打鬧分心。她感到受傷：「即使普通朋友也應有點關懷吧，他已忘了我們的過去嗎？他為何不能待我好一點、溫柔一點呢？男人都像他一樣容易忘情嗎？」

G到底還想要求什麼呢？對於過去的感情關係，她在一年半後再度勾起，貪戀被重視、被關懷的感覺，還要求親密的回應，希望對方最好待自己溫柔一點，最好還表示不忘情，還很想念她，這樣她便滿意了吧。小心，這是很多女人喜歡把玩的慾望遊戲，自討苦吃，也煩了別人，原因只不過是突然熬不住空虛放不下，想靠幻想舊愛對自己還未忘情來安慰自己，自我肯定，其實是因為自己怕寂寞也太虛偽，妄想借舊情人充實自己一時的感情虛空。

前男友沒有什麼問題，也沒有義務和責任甚至人情要待她特別好。分手便是分手，朋友便是朋友，她卻懷著重建愛戀感覺的非份之想，發表那些表面大方，覺得自己很瀟灑，卻怪對方太小氣之類的假情義、大道理。

要是真的放下，才不再眷戀過去，靠復活過去療養當下的情感真空。

如何和舊愛相處

——只看眼前人，才是珍惜和保留舊愛的意義。——

讀者W說：「素黑你說過要從舊愛中成長過來，好好保留值得留戀的記憶，也是愛情給人生的禮物。但應該如何珍惜？如何保留？如何跟舊愛相處呢？」

分手難，分手後如何處理心情更難，要戒除還當對方是生活一部分的習慣更是難上加難。

因為我們還貪戀。

分手過渡期，還希望跟舊愛保持聯絡，想知道對方的一切，很在意他不再接你的電話，不想你再接觸他，你嘴上怨他狠心，心裡還是想靠近他，活在懷念和怨恨膠著的鬼生活中痛痛痛。唉，何苦呢！

完了，便是完了，

分手前不能好好相處，分手後還強求相處
之道，不是自相矛盾、自尋煩惱嗎？

分手傷身，心力交瘁，應懂得調理和修補，別再費神跟舊愛延續關係，也別馬上尋找愛的替身亂搞新關係，流失更多心力。

分手是學習自處的好時機，應集中能量養神，安靜，才能打開心眼看穿整段愛情歷史的緣與孽。

不論愛過多少次，愛的本質都不應改變。

愛戀中美麗的回憶可以保留一世，為生命
充電，剩下的應該好心送走，不記來時路。

只看眼前人，才是珍惜和保留舊愛的意義。

愛是孤獨的

愛是孤獨這說法，是指我們難免愛得很自困，自編自導。

別搞錯，以為我在為愛情製造空泛的口號。我說孤獨，意思不是一般人害怕的所謂「寂寞」。Alone 和 Lonely 是不同的，前者是存在的本質，後者卻是負面的情緒反應。

愛是孤獨這說法，是指我們難免愛得很自困，自編自導。因為想抓緊，怕失去，結果難於滿足，即使你深知要互相尊重，還是慾望太多，無法專注，自挫愛的信心。

他的每一個舉動你都在暗暗評價，希望他不是這樣，應該那樣，希望對他瞭若指掌，又不敢宣之於口，怕他嫌你煩。原來，能做到維護彼此、尊重彼此又內心平衡是很難的。

他為何說那句話呢？他在輕視我嗎？想和他親熱，他會嫌我隨便嗎？想聽他說聲愛我，他為何老是不肯說？他又忘記我的生日，他的心到底在哪？他看足球比賽比跟我做愛時更投入，我連足球也不如嗎？

太多問題，你一個人孤獨地自問自答，自製危機。看，愛的路多委屈多難受啊！

然後你會在跟他吵架時說一句：「你從來不顧及我的感受！」把積壓經年的鬱結傾盤爆發，叫他一頭霧水，也感到委屈，不明白女人到底心裡想什麼。

更弔詭的是，連你也認不出自己的心。想逃避孤獨，卻寂寞難耐。

我們活在自己的世界裡

我們都只懂得以自己的判斷看自己、看別人，把聽進去的、看入眼的扭曲變成自己願意相信的「真相」。

D在短信裡說晚一點再聊，男友卻以為她說晚一點打電話給他，結果苦等了一夜、心想她在玩，她並不愛他，感到很受傷。是他太軟弱，還是靠語言溝通的感情太虛弱？

你說有愛並不一定要結婚，她卻認為你在暗示已不想再繼續愛下去；你有良好的意願希望為所愛付出一切，可你在實際生活中的無能卻令對方為你耗盡能量；你以為把所有時間留給他就是最大的愛，他卻感到窒息，希望愛得遠距離一點；你以為有愛便是一切，卻不知道單有愛並不足夠養活愛，因為生活和相處的難度遠比你想像中的愛更高。你以為你已經做到一百分，對方卻寧願你只做五十分，樂得清靜少添煩。

我們都活在自己的世界裡，再細的心思、再遠的眼界、再高的智商，在博大複雜的人海裡，也只不過如恆河沙數，沒有死執的必要。

我們都只懂得以自己的判斷看自己、看別人，把聽進去的、看入眼的扭曲變成自己願意相信的「真相」，製造誤差的真理。

是我們都沒法溝通得好，也是我們根本缺乏溝通的開放基礎，活在舊記憶和智商裡，無法放下自我，接受別人，讓關係新陳代謝不老化。

於是，關係中有太多或美麗或惡意的誤會，溝通永遠有沙石，摩擦多了便成害。

太多感情只建築在一廂情願的海市蜃樓上，越想靠近越只相信自己不願信他人，再走近一點才發現泡影一場，患得患失，孤影自憐，怨天尤人，質疑對方的機心，否定曾經付出的感情。

我們就這樣把一段感情推向墳墓。

相愛不一定能一起

愛一個人，是體現自己有沒有能力抓緊幸福的機遇。

很多人都不知道，其實自己依戀愛情，只不過是貪戀的慾望勾起的心理反應，跟愛無關。由慾望產生的愛戀感覺不能帶來真正和恆久的快樂和平靜，只會換來絕望苦戀。絕望的人的愛戀方式都有一個共性：愛到支離破碎，看不到情慾和執著惹出的禍，分不清這是害還是愛，簡稱愛得很盲目。

能相愛的，不一定能在一起，也不一定應該在一起。

有時正因為不能在一起，對愛人少了苛求，反而愛得更從容，更容易珍惜，感受到福樂，這是你不願意也要接受的愛情真相。

人與人之間的聚散有時很無常，愛一個人，是體現自己有沒有能力抓緊幸福的機遇。人生多變，我們無法掌握一切，但我們有條件學習如何抓緊情緣、改變心態和提升愛的質素，這些都是自我修養的範圍。其他的，請留給上天，別累壞身心，妄想太多。

愛得過累便要停下來。

死守的愛最易消逝；瞞騙的愛不君子，也嫌醜陋；佔有的愛最暴力可恥；害怕失去的愛不可能產生安全感。

來來去去，還是愛得不夠清廉自在，煩惱自尋。

愛不是信命得來的僥倖，人總要付出和成長。

量力而為，問心無愧，你將愛得心安理得沒遺憾。

相配≠可以愛

只願意著眼於合拍處，迷執一個和自己一模一樣的影子當作愛人，這跟自戀有何分別？

有位女讀者向一位男性示愛被拒了，不甘心，向我細數她如何如何跟他合拍，擁有很多共同的嗜好，總之便是很相配，沒理由會被拒，她說願意為他付出一切，甚至是犧牲也願意，因為這是愛的表現，渴望始終會令他明白她的愛。

天，她搞錯了，愛不可能是一廂情願盲目付出，以為付出一切便是愛，幻想為他犧牲多麼浪漫和淒美，誤信合拍便是天意，沒有不能相愛的理由。這種想法很幼稚。

我們必須知道一點：相配並不等同於可以相愛。愛情是否能發生，關鍵並不在於兩個人是否很合拍，擁有多少共通性，反之，愛情的意義在雙方是否能分享彼此之間的差異，學習包容，互補不足，豐富大家的經驗，提升生命的質素。

只願意著眼於合拍處，迷執一個和自己一模一樣的影子當作愛人，這跟自戀有何分別？

光是因為合得來而投入愛，感情可以來得很強烈，卻也非常脆弱，除了相似外沒有得著，無奈天下盡是影子感情關係，太容易崩潰，經不起考驗。

愛遠比找一個伴侶更精彩，更有意義。為一個合拍而愛不得的人盲目付出絕對不偉大，只不過是借對方製造自戀和被拒絕的苦戀快感罷了。

第二部分

給執迷於痛苦的你

痛，因為捨不得放手

你越是關注和維護痛苦，
它越吸蝕你的能量。

因為過份投入，我在過去幾年替人做治療時，沒有好好把所接收的負面能量清理好，結果身體變差了，越來越不行，真不中用。必須把一切停下來，找個好的中醫師治療一下。那個替我治療的、很有靈氣的女醫師說：「你這麼瘦小，怎能承擔那麼多？」是的，我忘記了我不是聖人，我也委實太過份，總愛不顧一切。

不願意但還是要暫時停下治療的工作，隔天到中醫處針灸和拔火罐。溫柔的護士在我瘦小的背部推火罐。火點和小吸罐在坦蕩的肋骨與皮肉間，熱冷相間地推開了我收藏的脆弱和自我。意識跟隨每根火燙灼痛的神經高速穿透整個身軀，那是多麼奇妙的身體和靈魂交匯的旅程。我觀照著，那是微不足道的皮肉之痛，因為不消一刻它便會成為習慣然後消失。可內心的痛，卻可以糾纏膠著很長久，必須徹底放下。

懂得觀照的話，痛是好的，提醒「自我」還在運作，距離愛和自由還有多遠。

當然我很清楚，忍痛也是自我的表現，可以相當危險，助長一個寧願背負痛苦的自我。

那天，我和客戶S談她自殘的問題。她戀愛以來經常失控狂哭，不開心時暴食，放縱購物，信用卡透支近十萬。而她還只不過是個二十出頭的女孩子。「我知道自己這樣不對，就是控制不了。」她苦澀地說。「我不知道自己活著的方向。」

另一位客戶A，活在過去十多年的創傷戀情記憶中，每每靠回憶令自己心痛，自暴自棄，甚至，靠接受治療來肯定自己沒救了。很多心理病人，一面求醫，一面卻決心繼續病下去。聽到醫生說：「怎麼一直不好？」反而感到滿懷安慰。

病並不可怕，享受病態比病的本身更可怕。

很奇怪啊，我們明知所執著的想法和習慣是無底深淵，帶來極度苦痛，我們偏偏不願放手，繼續沉淪，還努力替自己解釋或辯護：「這是我的歷史，我別無選擇。你未曾經歷過，怎會明白我的痛？」

是的，每個人都有獨一無二的痛，想起來都要生要死，悲痛萬分，無人能徹底明白，偏偏我們卻一邊奢望別人明白，一邊抗拒別人明白。別人真的明白了，感同身受，便沒有獨自承受那麼可憐了，不是嗎？一個人獨自傷痛，總是無限淒美的，場面更悲壯。像我喜歡的舊歌：黃耀明的《傷逝》，其中一句「無限痛苦但美麗」，啊，令多少愛慘了的男女越痛苦越安慰！也許他們都是這樣想的：連為對方痛苦的能力和回憶那段歷史的機會也失去的話，愛，或者我自己，還剩下什麼？

又是老問題：

我們都害怕孤獨，活在過去，寧願做受害者，也不敢面對自己。

《魔戒3》中主角千辛萬苦走到火山口，準備把令無數人受害的魔戒扔下去，卻死執魔戒說：「這是我的。」不肯放手。瞧，依戀痛苦的慾望比我們想像中強大千萬倍。令生命最痛苦的東西，我們偏偏捨不得放手，偏偏是最大的誘惑，希望擁住不放手。這是什麼道理？

你越是關注和維護痛苦，它越吸蝕你的能量，把痛苦當作你歷史中最轟轟烈烈、最獨一無二的成就。

你現在明白為何有人會期待轟轟烈烈的悲劇愛情了吧。你無法自拔地被吸引著，越想越墮落，也越來越無力抵抗。難怪你愛得那麼虛脫，那麼無助，那麼不成人形。這是慣性，愛不一定要這樣。

還在痛，因為我們根本捨不得離開，靠痛苦確認自己的存在。這是負面的信仰，卻救贖不了我們的靈魂。愛不靠苦難。真正的愛無法容下苦難。

執著抑或放手，你是可以選擇的。

我怕痛，但我嗜痛

——怕痛只是藉口，逃避才是真相。——

某個找我治療憂鬱症的客人，聽我建議她找個好中醫針灸治理肝鬱後，很憂心地問：會不會很痛？

有趣的是，一分鐘前她才告訴我愛得死去活來，痛不欲生，會不惜一切治療傷口。

人的腦袋永遠是分裂的，此刻令自己以為積極求醫很了不起，一旦治療方法擺在眼前，卻馬上推出三五七個理由說服自己：不，沒用的，或者質疑，或者逃避。總之，「我想治療，但不要叫我做什麼，試什麼」。

維護痛苦的心理機制比我們想像中更厲害，凡對你好的它會馬上響起警號，令你質疑，叫你卻步。結果嗎？你大抵會以「怕痛」之名，放棄醫治所謂生不如死的心痛。很諷刺吧！痛到求死的心病，卻不敵一支針幾秒鐘的痛。瞧，你根本不想治好自己，潛意識裡享受痛苦的淒美。

女人心真是複雜得沒話說，像其生理結構，和嗜痛的心理。

怕痛只是藉口，逃避才是真相。你寧願醫來醫去醫不好，證實自己是被命運捉弄的受害者，這樣便可心安理得地痛下去，賺取可憐。

對，傷痛的女人最吸引，因為病態令你更有被親近和憐愛的理由。

原來，你只是害怕孤獨，戀上嗜痛。

你未經歷過我的痛

潛意識裡，其實大部分人都不希望別人太了解自己，被看穿後便沒戲了。

人為何特別喜歡傷口，老是執著舊傷痛呢？

原來人都害怕孤獨，經常希望證實自己的存在價值，吸引別人的關注，覺得平平淡淡地活著不算有生命意義，期望發生特別難忘的印記，讓平凡的自己看起來獨特一點，添一點重量。

傷口的特性正中下懷，因為傷口有疤痕，能時刻讓你看見，提醒你曾經滄海，飽歷風霜，替你的人生刻上深度。

於是，你捨不得治癒傷口。

感情創傷方便你去製造一個非凡的身份認同，就是那種「我經歷過你未經歷過的痛，所以你不明白我」。

表面上，我們都希望別人了解自己，可是潛意識裡，其實大部分人都不希望別人太了解自己，被看穿後便沒戲了。

我們看準別人喜歡關注受傷的弱者，對快樂強壯的人很快便不大關注的特性，於是借傷口博取憐憫，拉近關係，也同時製造距離，自相矛盾。

明白自己的潛意識如何運作之後，你便知道你老是放不下舊傷口是什麼心態了。

其實，快樂真的簡單很多。

愛到心痛原是快感

感情用事比愛更吸引，
自討苦吃比愛更堅定。

H愛上有婦之夫，他不肯離婚，於是她決定結婚，婚後和他依然欲斷難斷。她想斷，他不肯，他出現在她丈夫面前迫她抉擇，她決定放棄，竟發現丈夫早已知道，卻一直默默包容她，愛護她。深知情人不及丈夫愛自己，她說：「我知他愛他自己多一些，我偏偏最愛他。人生為何那麼多無奈？我的決定是否錯誤？」

我們從來無法判斷愛得對或錯，因為心亂且多心。

對方也心亂兼貪心，大家都以為雙方很匹配，愛戀著對方，其實大家都一樣迷失和計算。他不想放棄太多，你也一樣怕理虧。走在一起交換微弱的感覺，你會叫作愛，也叫作緣，同樣也可叫作孽，一個名字而已，像「愛」這個字，不著邊際，可以很虛無。

你卻押上自己的一切，難怪愛得那麼累，到頭來只能放棄和心痛。身邊有人默默愛自己，發放正面的能量，你享受了，但不接受，因為你說最愛的不是他。你死心塌地揀選的，偏偏是無法讓彼此平靜的窩囊。你稱之為最愛，同樣叫最痛。

不痛不快，原是你選擇的快感。

感情用事比愛更吸引，自討苦吃比愛更堅定。

愛不是理性盤算的對錯或感情用事的結果，你只能打開心眼看清楚自己的盲點。

愛，需要很大的智慧，才不致變成笑話。

愛得痛苦，因為太幸福

痛苦的感覺可能是真的，
可是理由卻是假的。

為什麼我們喜歡看苦情劇？女主角死掉，被拋棄，受委屈，你總是感同身受，原因卻是你不願意接受的事實：你活得太幸福了，幸福到需要借助悲劇催淚，提醒自己不要太樂觀，別忘記曾經受苦的不幸。

你說是不是很無聊？

可不要小看流行愛情產品的負面魔力，它足以影響整個城市的集體情緒。

負面情緒傳染最快也最容易集體交叉感染，叫好端端的你無事生非，無痛思痛，讓腦神經誤收你已陷於痛苦的信息，馬上改變你的情緒狀態，於是，很快你便覺得自己的確很憂鬱。再加上過往痛苦的記憶湧現，恰好配合你急轉的情緒，讓負面經歷重

現腦海一次，栩栩如生，你便中計了，誤把過去變作當下的痛，告訴自己原來舊傷未癒，還是會記起。

唉！翻新的痛症開始折磨你，和你身邊的人。

人的痛苦，大部分時間不是因為被新痛刺傷，而是翻閱舊記憶的慣性。痛苦的感覺可能是真的，可是理由卻是假的。

我們中了活在過去的毒，潛意識裡歡迎痛苦，往往弔詭的是因為當下活得很幸福，焦慮一切只是假象。好個恐懼幸福的痛症。

不夠痛還算愛嗎

是我們愛得太浮淺，才妄求翻高浪，自製愛情災劫。

一位女讀者說她從沒有為愛死去活來傷痛過，不理解為何有人會為愛尋死。眼看其他人都被愛折磨著，反觀自己跟丈夫過得很快樂，不禁質疑是不是還沒有真正轟轟烈烈地愛過，忽然懷疑丈夫可能不是真命天子，問我她的愛情是不是有遺憾。

別笑她自尋煩惱，其實我們都跟她差不多，在愛中質疑愛，結果遠離愛。

我們都愛得很弔詭，以為不夠轟烈沒流血流淚就不算愛，沒厭食抑鬱鬧過自殺不算愛。愛人沒為自己打過架不算愛你，沒為你哭過不算愛你，甚至幻想他應該患上韓劇式絕症才算見證愛。

天，愛真的只能承擔沉重和痛苦，不能輕鬆好過一點嗎？

愛不能承受輕，又無法耐得住沉重，那你到底想愛什麼？

我們表面追求甜蜜的愛，潛意識卻錯認為愛情應該很痛苦，追求戲劇性的激情。可我告訴你，

你若經歷過深刻的愛，你會明白戲只是戲，
寧願愛在平實中，靜靜地呼吸。

是我們愛得太浮淺，才妄求翻高浪，自製
愛情災劫，正因為你跟愛分裂了，要靠災難
與愛重逢。

能將愛溫柔地注入內心的甘泉，你將不再嗜痛，不再迷戀向外尋找所謂愛的假見證。

殘忍記憶

要向殘忍記憶說再見，
必須自己肯放手，放過自己。

幾個女朋友和受療客戶，曾經或現在，浸淫在舊愛記憶的煎熬中，生不如死。在地鐵、巴士、公司、廁所、海邊……一個人的時候，無故哭泣，無法正常運作自己。最後，否定舊愛，否定記憶，否定自己，情緒撐不下去了，必須有個了斷：自療，或者放棄。

有沒有這種經驗：街上瞥見外形像他，閃過他穿過的衣服，走路姿勢像極他的影子！啊，心整個跳跌出來。問自己：到底害怕什麼？撞邪一樣心神恍惚，不安一整天，像散不去的過量咖啡因在亂舞？像天災暗示凶兆，自己嚇自己？

他提過的書名、他喜歡的電影、他迷戀的歌手、和他去過的地方、共同認識的朋友、樓下熟絡的便利店店員……有他的記憶，回魂一樣恐怖再訪。

分手後，知道他和另一個她在一起。你雖然不想，就是要知道她的電話，她的辦公地點，就是忍不住打個匿名電話聽她喂三聲也好；跑到她公司樓下等她下班，就是要碰上他來接她的溫馨場面才心足；情人節，撥幾個無言電話大半夜滋擾他，破壞他和她大概相擁在自己也睡過的床上的浪漫，留下來電顯示，叫他不好受。做完這一切，心卻沒有好過點，哭聲更淒厲，孽上加孽，在壞透的記憶上，徒添更差的自製記憶。

嫉妒，報復，忘不了他，嚴重失控！

上星期替F治療時，和她分享我的故事：和以前一個男人分開了，記憶像噩夢般不肯離開，最初兩三年幾乎天天夢到他：和以往一樣罵我的神情、皺著像要毀滅全世界一樣暴戾的眉、充滿怨恨的眼神讓我驚嚇至醒……張開眼睛，一頭大汗，心跳若狂啊，幸而都過去了，噩夢一場！不過，記憶還在糾纏不肯走，後來才明白，是自己放不下，與他無關。

被舊愛的陰影纏擾的女人，十之八九都問過自己：為什麼無法揮去他的陰影？為什麼他還不放過我？為什麼和他的孽還沒完沒了？為什麼他的影子整天不停在腦子裡盤轉，影響工作和重新開始的心情？像F被情緒困擾到了極點，記憶是霸道的，保住自己卻蠶食同類：諷刺地叫她變得善忘，一年內丟掉四部手機，忘掉很多地方和人事。生命已經不能如常運作了，到底怎麼了？為了他，變成這副樣子，值得嗎？

就是無法自控，殘忍的記憶，如泉湧現。對徘徊在愛與害的邊緣的淚人而言，生不如死的日子，對自己、對受牽連的人，都是禍。一生中難免和一些人建立某些莫名其妙的關係，是緣也是孽，怎麼也算不清，那就最好不要算了。只是有個教訓：

當有緣去愛和被愛時，一定要全然接受和珍惜，我們原來沒有能力承擔失去它的遺憾。

還有，別再自製殘忍記憶了，那些不知所謂的報復行動和回憶，原來大半是自製的記憶，潛意識借此拖延忘記他的時間，借他的存在逃避重新開始需要獨挑的擔子。原來你在依賴回憶來逃避自己。

回憶是個大牢籠，鎖住自由，把思維推至死胡同。回憶原來只是情緒起伏不定時借來的手段，情緒一旦激動，潛意識的門便打開，像亂了碼的檔案，無法解讀。所以，我們才有停不了的胡思亂想、殘忍記憶。不過，這正是情緒要排毒的時候。

身體要排毒，情緒也要排毒，尤其在受傷時候。

我們只顧思維，忘記打理好潛意識和情緒的關係。

我們以為受傷的人都是受害者，把所有問題訴諸於傷害我們的人，心裡卻清楚，出口不在那裡。原來我們只是借一個他和自己作對。

殘忍記憶是我們找來折磨自己的工具。

情緒起伏時的舊記憶不是真的，壞念頭也不是真的，過份的幻想、報復、私心、嫉妒、執著，都不是真的，它們嘛，就像長久受壓又排不出的腸毒，趁情緒病逃獄成功，你得感謝它們肯離開。越理它們，越肯定它們。別中計，別借它們來否定自己，否決再愛的力量！

要向殘忍記憶說再見，必須自己肯放手，放過自己。

這是愛的第一步，伴侶只是副產品。學習震撼自己，靜心冥想也好、自慰提升性能量也好、光天化日哭個斷腸然後說感謝也好，創造震撼自己、打動自己的機會，世界將不再一樣。

命，越怨越苦

每天少怨幾句，淨化自己的腦袋和耳目，看清關係和感情之間應有的沉默和距離，女人將變得美麗自負。

身邊的女人越來越苦命。

準確一點應該說，是她們越來越覺得自己命苦才對：男友瞞著自己和別的女人鬼混；湊熱鬧用美白面膜卻不幸皮膚敏感一星期不想見人；心儀的世家公子偏偏看上自己的同學；怨自己為什麼不是張曼玉、章子怡或劉亦菲……

女人一旦習慣用「為什麼你不是誰，我不像誰」的句式，零食一樣塞滿自己的思想和嘴巴時，你當知道，她已榮升最傳統的「怨婦」寶座了。

辦公室、餐廳、購物商場都是結伴同行的「雙失怨婦」：自嫌失身，又失色相，自卑怨命，感情上失去靠山，因為這個年頭男人比女人更失敗，走的走、死的死、失蹤的失蹤，最糟的是在被騙了上床還借了錢給他以後，自己都不能準確預算該不該花錢完成整個瘦身療程。

J是我的情緒治療客戶，她自以為問題在男友負了她，有了新歡，於是整天怨天尤人，甚至想著尋死，不想再負起被拋棄和戀愛的壓力了。「我不想面對生命了！人家戀愛結婚生孩子，順心如意，我卻路路波折，每個男友都負我。快三十歲了，還是一個人。路走得太辛苦了，不如死了一筆勾銷。」

像J這樣的怨命女人，是命運改變性格，還是性格改變命運？其實很多女人的命數是可以改變的，例如少一點囉唆，多一點包容；少說幾句，多做點事；少和別人比較，多自我提升。問題就是批評別人太多反觀自己太少！落得一個怨字。

H找我治療她未能忘記舊愛的痛苦，她也怨，不過是怨自己，不是怨別人。自怨、自卑、自暴自棄，生命盡是虛度青春的蹉跎。面對這種失去青春血色的女子，作為女性治療師的我，老實說，實在很痛心。

女人最美麗的不是外表有多吸引人，而是那股從骨子裡散發的自信，屬於「我是女人，所以我存在」的自信。

你看，有些女人不需要長得像張柏芝、李嘉欣那般標緻，不需要懂得塔羅牌占卜為自己塗上一抹神秘感和靈氣，也不需要掛上設計師、作家的名字告訴你「我很有品位很特別很有氣質」。她們只要活著，站在你面前，已經散發出一種魅力。就是那份女人的自信，甚至不需要口紅眼影香水美白，她的存在，比誰都吸引人。

女人想擁有這攝人心魄的自信，不難，

每天少怨幾句，淨化自己的腦袋和耳目，

看清關係和感情之間應有的沉默和距離，

女人將變得美麗自負。給女人一句忠告：

命，只會越怨越苦。

日劇對白裡常出現「命運」一詞，這是日本人篤信命運擺佈人生的悲觀民族性；法國人開口閉口 c'est la vie（生命就是如此），這是他們紅酒性愛至上的達觀本性；中國人皺著眉怨命生得不好，這是我們缺乏自信的死性。

更可憐的發現是，男人也開始怨命越來越苦了，也是那道苦眉、那股怨氣、那件三天未換散著彌天汗臭的內衣，你還能說什麼呢！

自戀與自虐

——命運是我們閱讀自己的因果，關係也是。——

曾主持過一個演講，會後一位讀者上前告訴我，說她在讀我的文章時聯想到的我，跟看見真人後的我截然兩樣。在她的想像中我可能是個黑暗的人，像我的名字，可見過面後覺得我是個積極正面、能量很強的人，讓她感到意外。

瞧，文字從來給人片面的印象，因為讀者在理解文字時永遠加入自己的「私心」。所以，閱讀能反映你自己當下的內心狀態，你讀到你所想的，所以是很好的自療提示，假如你需要通過閱讀了解自己的話。

而文字可以相當自戀，就像寫作本身，可以是純自我的泛濫，沾沾自喜的快感。所以，文字工作者的道德，是要學會觀照寫作這種活動，看穿文字背後的自我，避免流於沾沾自喜、自以為是。文字並不能完全裝載作者要表達的思想，文字離開了作者便獨立了，再也不屬於誰。難怪靠文字自戀的人，永遠寂寞得要命。

且看很多作家、情書的信徒，和網絡上幾可亂真的花花世界。

就像R。她患有嚴重的憂鬱症，死命地擠出一顆尋求治療的決心，到處託人尋醫，但無法面對一旦求醫就必須面對的自己，最後只願意在電郵裡向我訴苦。應該說，她用心地把自己寫得很痛苦，就像很多靠寫苦纏短信、情書、電郵，或迷戀瓊瑤式的自虐愛情小說的男女一樣，不自覺地享受著經營文字苦戀的淒美，又自戀又自虐。這算是最隱晦的心理病症，少一點功力的治療師也容易受騙。

潛意識對極端的負面情緒特別雀躍，反應也特別大，那是很強大的負面意識，難怪我們最深刻的記憶都是傷心事。R的負面思維慣性不期然導引了潛意識的聯想，結果，越是想著悲痛，越是活在悲痛中。那可是個很危險的思想陷阱。

很多人靠文字或思想自戀和自虐，拉鋸青春的年輪，還得把身邊一個個關心他們的人拉向萬劫不復的深淵，越墮落越充實，諷刺地害怕面對快樂和改變，因為這意味著需要承擔自己，不能再依賴，無法拒絕成長。

有些人製造美麗得要命的糾纏關係，生怕分手後一個人睡、一個人吃

飯、一個人獨白的寂寞，寧願和所謂最愛的人同歸於盡。天！只有他們自己才感受到那份自虐的溫馨！

原來很多人背負著強烈的負面能量，用了了無期的負累感染別人，這是他們自虐和他虐的生存方式。

他們自有叫人不忍心不理、楚楚可憐的奇幻魅力。你或許也遇見過這種永遠需要被愛，永遠無助和依賴的「病人」。他們甚至懂得轉化身體，令自己患上糾纏不清的病患，證實自己是個被命運作弄的不幸者、受害者。其實他們在潛意識裡明白生存方式中最十拿九穩的騙人策略：只有成為不幸的人，才不會被遺棄，能令人愛上自己，無條件為自己付出。這可是多麼暴力的軟弱！可更大的問題是，他們不是故意的，只是情緒錯亂，潛意識操控了自己，不能自己，不知道原來鏡子裡的自己早已四分五裂，支離破碎，難以分辨，更莫說做回自己的主人了。除了自虐他虐，找不到生命的意義。

你要把事情想得負面，事情便會負面起來；你把際遇想得糟糕，它便會順意糟糕起來。你已變成思維的僕人。

能觀照思想和情緒相互勾結的深層結構的話，便明白反過來和潛意識好好溝通，注入正面能量的信息，命運也就會改變。

命運是我們閱讀自己的因果，關係也是。

所以，世上沒有單一的真實，也沒有唯一可走的路，更毋須助長所謂命中註定的迷信，把「依賴」當成「必須」。

觀照自己，跳出思維的迷局，做情緒和命運的主人，這是成長的責任。

自愛是需要勇氣的。從今天開始，承擔自己。

有誰欠了你嗎

誠實察看自己的心魔，比期待治療的奇跡更務實，也是真正決心自療的唯一誠意。

「不知道這已是第幾回發誓，要自己好好生活，好好吃飯，當手上的傷痕越來越多，自己依然沉溺於食物，嘔吐而無法自拔……我不知道這樣還要多久，總是對自己說：我有病，有厭食症，有暴食症，學業荒廢一年多。我還年輕，可以振作，但年復一年，我對自己已沒有任何信心，覺得很悲哀，陷在自己的陷阱和孤寂裡，不知道什麼可以讓我肯定自己，不知道怎樣才能擺脫家人的期望，希望有人可以給我救贖，但是上帝沒時間關注我，我不是祂的聖徒，你卻說我們可以自救，那告訴我如何吧！」

日前收到這位年輕讀者的來信，明白遙遠的我可以幫的不多，回了她，鼓勵她找對方法，找專業治療師有計劃地調整進食心理障礙症，問題不會從思維或說話裡得到解決，不要一個人面對，因為她目前的心理狀態沒有能力應付自己，自療方法有很多，要有步驟，不要氣餒！

然後，我收到她失望的回覆：「這就是你給我的自救方法嗎？原來也不過如此，看來誰都不會有橄欖枝救我，只能自己折騰。也許太過依賴別人！醫生，我想我一輩子都不會去看了……」

那句「不過如此」，讀了叫人心痛。她在等待某人一句話便治癒她的神蹟嗎？她以為我是誰？她以為自己是誰？明明是她放棄了自己，卻把責任推在別人身上。她是利用我的鼓勵肯定自己的無助和無人理解的處境，向不想再努力的自己交代：不是我沒有尋找治療，而是根本找不到，沒有人能幫助我。

那些是對她的潛意識說的話，強化沒出路的絕望信息，然後理直氣壯地做個沒有人能拯救的命定受害者。到底是誰欠了她、放棄了她呢？治療永遠是自療，從來沒有任何人能真正幫到自己的，假如你一心把管理自己的責任推給別人，以為治療就在外邊，不在你心裡的話。即使我在她的城市，也不能幫到什麼，因為她潛意識裡拒絕被救，和自己作對，享受成為被遺棄的人，把責任推給別人，受害的，最終只有她自己，這樣她滿意了吧。

我們尋找治療，同時也可以是逃避得救的有力手段，製造老是失敗的命運。

人尋求治療的心理原來非常複雜，尋求改善自己的同時往往又跌回享受失敗、無可救藥的絕路快感中，又怕孤獨，又享受成為全世界最孤獨的被放逐者，自導自演悲劇英雄。

欠自己的，從來只有我們自己。

（天！我們尋找愛時也一樣。）

當你說「我已經很努力地尋找治療，還是沒有用，誰都不了解我，幫不了我」時，你其實也一樣借嘗試治療的表面努力，印證治療無效和為世放逐的宿命。

觀照自己所謂的努力，是否只不過是為拒絕被救所做的嘗試呢？努力過是真確的，不過卻錯用了心力，白費工夫。

誠實察看自己的心魔，比期待治療的奇跡更務實，也是真正決心自療的唯一誠意。記住：沒有誰欠了你。甘願放棄生命的話，沒有怨天尤人的資格。

你活得很辛苦嗎

怨苦從來是思維的陷阱，
你的心就是你的鎖。

在我寫過關於「生命有何意義」後，收到很多讀者動情的來信分享感受。大家都在尋找生命的出口，都不知道該向哪個方向看和走。

很多讀者的信中滿是辛酸的哭訴，一句「素黑，我很辛苦」，叫人心痛。可誰能幫到他們？是命運害他們沉痛，還是他們帶著潛藏的心癮不忍放下自虐受害的誘惑，無法愛自己？很弔詭，原來自愛也需要決絕和狠心，就是因為人都太懦弱，寧願花很多能量每天問為何那麼苦，也不願意挺身行動救自己。原來，思想比行動容易，受傷比療傷可憐，依賴比自救好過。沉溺吸蝕能量，自救也要能量，能量有限，可你就是努力地選擇被吸蝕，直至不能自拔為止。

辛苦永遠有市場，因為其相反反而更辛苦，很諷刺吧！痛苦從來活在腦子裡多於心裡。

我們習慣張揚不幸，害怕承認自己有多幸福，

不是嗎？我們若不停止塑造不幸的自己，便只能永遠死撐受難者的假面。我們的苦，大都是自製的荒謬，太平盛世下充當亂世兒女，慣於庸人自擾。

「不，不是這樣的，我已試過積極改善自己，就是不行，你根本不明白！」假如你沒有這樣反駁我，我由衷恭喜你，因為你已放下自我，或者你的自救並非三分鐘熱度。可就是有些自欺的信徒口口聲聲說要改變，而當自救方法放在前，又大都馬上推出幾百個理由說不，總之改變不了，還是很痛苦。最好有靈丹，替你做催眠。「不要叫我做什麼，我已經很辛苦了，沒有多餘的力量靠自己，你明白嗎？」你只願意花錢，卻拒絕持續地依指示自療。天，其實你寧願死。

你已經活了二十年、三十年、四十年，或更多，你感到很累，自以為已努力過、付出過、愛過、恨過，生無可戀，死不足惜，又沒膽量結束自己，因為還有一大堆親情孽債，或者羞於啟齒的懦弱，怎麼辦？過了秋天，很快又到明年，將會遇上另一些人，另一些事，同樣的重複，同樣沒出口，人生到底為何？唉，又回到老問題。

怨苦從來是思維的陷阱，你的心就是你的鎖。

這是負面思維的典型軌跡，是痛苦也是沉溺的快感，我們最逃不掉的其實就是它，而不是命運。

為何有人能解脫，有人永遠不？關鍵在前者肯閉上嘴巴，放下自我，勇敢試一步，後者選擇停留，繼續想呀想問呀問，原地怨命苦。

我只相信決心、堅持和靠自己，押上一生去踐行。

面對生命，人必須放棄問「要多久才見效」，謙虛走一生。

要生要死

寬容，愛情最大的道行，
未能做得到，不算真正愛過。

去了一趟北京，零下的溫度，好比S的心。她是我的客戶中第一個來自北京、第二個說有衝動想殺死負心人、第三個告白曾經自殺的冰塊女人。

因為愛，要生要死。想過自殺的，試過自殺的，不敢自殺的，希望和對方同歸於盡的，希望對方在自己面前以死謝罪的，幻想第三者意外身亡的……原來真有這麼多愛情跟死亡交易的方法，在愛時不曾知道，到恨時本能掏出來的絕情。是女人可怕，還是愛情本來就可以淪落得很可怕呢？

S的情人是有婦之夫。她看中對方婚姻不快樂的可憐弱點，滿足自己母性的施愛慾望，穩坐天下唯一了解他、知道他最需要什麼的女人寶座；而他，利用了男人因為婚姻不如意，想做好丈夫但不被了解的特殊魅力，穩穩擒住她不忍心讓他寂寞可憐的心，這樣兩人地下情三年。

女人其實喜歡男人在她面前以最憂鬱的神情，傾訴和另一個女人相處有多痛苦，尤其當那個人是他的妻子。女人的存在價值，在於可以取代男人的另一個女人，給他安慰和愛情時釀製莫名的成功感。她寧願不要名份，也希望自己是這個男人最後的女人。

不少客戶跟S一樣，以這份光榮（抑或是虛榮？）支撐著整個存在的意志，以「愛情」之名鑲嵌愛的座右銘：「最大的就是愛」「我願為愛犧牲」「為了他我可以付出一切」「只要能讓他快樂」「我不介意什麼什麼」，等等。

攝氏零下3度的王府井大街，S在星巴克門口只披著薄薄的白色外衣，把原本樣子已經很冰冷的她襯托得更像一塊不能赤手接觸的乾冰，不然會把你的皮肉黏扯得血肉模糊。那是和她第一次交談後的翌日，她說要給我看一樣東西。天，她的手果然冰冷得像死人。「沒什麼，我的手在夏天也一樣冰冰的，我不冷。」她要給我看的，竟然是負了她的男人和妻子的合照。她無視我進咖啡店取暖的好心提議，冷靜地吐著白霧問我：「你看，用你特別的能量看破他們，是否前世就註定不匹配？」

我還記得，當她說「看破」的時候，眼神和齒間流露出一語撕破他倆之間關係的狠切，我首次看到她真的曾衷心希望他倆要在她面前以死謝罪，如她說過：

「他們根本不合適，她比他大四年，他說過她是個魔鬼，和她結婚七年生不如死，是她死纏住他，威脅他，他才留下的。他現在為什麼又說另一套，告訴我離不開她，因為發現還愛著她呢？原來他一直還依賴著妻子給他的各種物質支持和關係上的方便，他根本不能失去她，那為什麼要騙我呢？她還打電話給我叫我死心，她不會讓丈夫再見我的。她算老幾？我和她丈夫上床時她只能獨自手淫呢，靠！」

寬容，愛情最大的道行，未能做得到，不算真正愛過。佔有、回報、要求、不甘、報復、詛咒，甚至勉強，都是最痛苦的戀愛方式，最終受到傷害的，不只是別人，也是自己。

可是，無休止的互相廝殺，毀滅性的愛，把自己打入萬劫不復的痛苦中，又是很多女性寧願選擇的方式，因為原來只有這樣，才有藉口讓自己逃避面對需要改善的自我，寧願受苦，也不想改善自己的固執。很多受療者來找我，最終其實並不想改變，只想尋求逃避的山洞，到處尋覓高人指指點點，把聽進去的嘔吐出來，完成自欺的洗胃程式，作賤自己。

人是最莫名其妙、奢侈生存的動物，沒有動物生死存亡的必然危機，卻偏偏造就要死要活的場面，自我虐待一番。這也叫作愛情！

到底是他欺騙了S，還是S欺騙了自己？想負心人死，或者為負心人死，都是肆暴的懦弱，不敢正視和面對問題，不想處理需要花心力收拾的爛攤。愛情，從來可以是花時間花心思花眼淚的奢侈遊戲。可以不要求，純粹享受付出愛，超越生死，才是千秋萬世戀人的狂想與希望。

我們花那麼多心思為愛鋪排死亡的祭祀，到頭來心比死更難受。沒有誰比已逝去的愛更值得死去。最值得死的應該是這段緣分的心。留住愛的信念，為下一段戀情禱告和積福。

不要低看寬容的力量，它足夠讓愛念起死回生，（可幸）那時，對象和心情已不再一樣了。

過來人都知道，時間一過，或者當戀愛再來，世界將會改變，你會笑現在的自己很傻，真的很傻。總有這麼一天。

愛，犯不著要生要死。

你也想過死

——憂鬱不是女人的專利，它足以殺死男人。——

張國榮死的那天，Y留了一條短信給我：「他什麼都不缺也要尋死，我一無所有，豈不應馬上跳樓？」Y還是那樣看不開，對死人不夠寬容，老是喜歡比較。她不明白如何面對死，就像如何面對生一樣，是沒有比較餘地的。半年前她找我治療感情的傷口，那時候，她差點燒炭自殺。她的男朋友騙去了她幾乎所有的財產，和萬劫不復不能回頭的愛情。「就只是一剎那的衝動，突然想死。跑到樓頂痛哭的時候想，不如跳下去；回家經過藥房，裡面有毒藥，死與不死，一個決定。驟然，眼前一道光，像電視裡神蹟顯靈的影像一樣，世界不再一樣了。心裡閃過一個問題：『就這樣完結嗎？』」

結果Y沒有給生命畫上句號，卻慶幸瞥見生命的秘密：生死好壞，一念之差，天將她留下了。她後來參加志願組織，以過來人的身份輔導想自殺的失戀者。Y還執著，對生命還有戾氣，但是，她在學習尊重生命，珍惜生命，肯定一個人但不再害怕孤獨的自己。

E愛上了患有憂鬱症的男人，對方是那種只懂得滿腦子新計劃，路上卻會錯過好風景，永遠不會察覺女友換了新髮型或新衣服的男人。他有女性的旖旎心思，卻以男性一貫理直氣壯的方式表達出來，像該放糖卻錯放了鹽一樣糟糕，無奈變成男女關係的刺蝟，傷害了女人卻不知道錯在哪裡。因為經常傷害身邊最愛的人，心裡難受至極，不禁想歪了：

原來最精密聰明的頭腦，原來即使自己願意為對方付出，也不保證可以愛。

自信滑落至零點。E說：「我能怎樣幫助他呢？我已不懂得和他溝通了。他令我很窒息，為他我是包容太多了，日子過得很辛苦。我說想分開一下，他無法面對贏得天下卻失去至愛的失敗，快要崩潰了，吃抗憂鬱藥、安眠藥，還是想得很灰，想死。我能怎樣幫助他呢？」

像E和她的男人那樣無助的伴侶，近日出現很多。每隔一兩天便收到女朋友或以前的女客戶的來電，說愛著的男人患了憂鬱症，希望我能幫幫忙。張國榮個人的決絕，勾起一股力量，觸動一群男人久伏心底的集體鬱結，爆發經年抑壓的

男人心病疫症。張國榮令飽受生活、寂寞和文化壓抑折磨的男人發現自己比想像中更孤獨無助。英雄早已死掉。一下子，男人們的底牌被赤裸揭破。

我卻反而覺得，這是男人自我翻身的好機會。

男人認為要收藏自己的情緒壓抑，將追求事業和成就當作天職，內心卻孤獨得要命，無奈必須撐著可憐的自尊。死了妻子的男人，很多都活不下去了。所有性別天職都是殺人的！張國榮至少為男人做了一件好事：

提醒你，憂鬱不是女人的專利，它足以殺死男人，請大家保重，放下自我，打開自己。

那天，一個只見過一面的男人突然找我，希望我能助他脫離苦困。他睜著疲累的眼睛說：「那天在家，走近窗邊望下去，感到心寒，不得不馬上跑到街上亂走，久久也不敢回家。我知道我需要幫助，當我一個人的時候便不能自已，又流淚又想死。但每個朋友都有不同的意見，不想失去他們，也不想叫他們失望，為了迎合他們我努力照他們的方法做，結果更辛苦。我不想再煩他們了，因為不想失去他們。」

每個走在瀕死邊緣的人，都有解不開的死結，無法改變的現實，和試過改善但失敗的經驗。還有依戀的，不想失去什麼的話，不適合尋死，還有自療的餘地。他不想這樣結束自己，他知道必須挽救自己，他做了一般男人不想不敢也羞於做的事：剖白，讓別人幫自己。

我欣賞這種真男人。

奇怪的是，沒有一個從死亡邊緣拐過彎、慶幸回了頭的人會表示後悔，他們倒慶幸自己還活著。今天你能活著讀到這裡，應該慶幸。感謝生命給你的一切。

別追求病態

所有多餘的思想都是病態，毋須太重視它，不要給自己追求病態的藉口。

我常教讀者和客戶感謝自己，這是很重要的治療方法和信念。

因為，原來我們並不夠自愛，常常忘記感謝，只記得埋怨。

有客戶說：「我不懂得感謝自己，即使你說要我向自己說多謝，我也想不出原因。我常想著死亡，但不是自殺那種，是不幸遇上捐骨髓導致併發症，又或者有路人衝出馬路，我為他擋了之類。可能是因為這些，我才可以感到我的生命有價值。有時靜下來覺得腦中空空的，有點呆呆的感覺，這樣又過一天，這對勁嗎？

「其實也許我期待的並不是從自我修行中帶來嶄新的自己，反而希望那些自療時要面對自己所出現的痛苦快些來臨，我是病態嗎？」

所有多餘的思想都是病態，毋須太重視它，不要給自己追求病態的藉口。人人都有潛藏的或顯露的病態，所以沒有什麼特別，就這樣好了。讓它來，讓它消失。

其實每天的自己都是新鮮的，每天感受自己，感受愛，重新孕育愛的感覺，把腦袋掏得空空，最美妙不過。

我們太慣性去思想，一旦發現腦中沒什麼可執著，找不到理由去感謝，去自愛，便有點不習慣，覺得有問題，這種陋習才是問題。

本來無一物，何處惹塵埃？

別迷戀傷口

——迷戀過往的傷口是心癮，也是慣性的病態。——

得不到愛所以傷害自己。你也有過這樣的傷口嗎？

自我傷害到底是什麼心態呢？

原因之一，竟是你想自我肯定。你被否定，失去生命意義，所以你靠傷害自己，自殺自殘，滿足你有權控制生死的慾望，肯定你的最後價值，替人生套上最後的、自主的意義。

這是你挽回生命意義的虛弱嘗試，負面得很，無法幫助你改變什麼。

因為所愛的人不再愛自己，埋首苦戀中，為了他失去自己；因為找不到理想的工作，喪失意志，你於是沉淪，無力站起來；迷失、痛苦，理性上知道應該努力改善自己，但實際上沒有方法和動力向前走，停滯不前空無奈……

真的希望治癒自己嗎？只有一個方向：

從內在轉化開始，借感恩的力量，看已經擁有的，而非執著已失去的。

迷戀過往的傷口是心癮，也是慣性的病態，不要認同受傷的那個舊自己，你每天都應該更新心情、想法，讓身心靈新陳代謝。發現老是黏著相同的想法，表示紅燈已亮起，必須轉移視點，學習離開凝想和痛苦。

大部分痛苦都是不肯離場的結果。沒有命定的不幸，只有死不放手的執著。

別助長負面意識

你的潛意識在試探你，想讓你再度墮入自我否定的思想陷阱。

經常聽到讀者這樣說：「我明白你的意思，我也很想做好一些，不過還是很不開心，我希望不被情緒影響生活和工作，就是做不到。我是不是太差勁了？是不是沒得救呢？」

你是希望我答是還是不是呢？你是知道答案的。

你的潛意識在試探你，想讓你再度墮入自我否定的思想陷阱，當心！你很清楚你是差勁又不是差勁，得救又沒得救，因為這些都是弔詭的語言陷阱。我們誰都同時是好人和壞人，有希望也很絕望，能進步也寧願退步，是天使也是魔鬼，會愛也會傷害，會說謊又討厭被欺騙。

別執著了。

要是想好起來的話，日後應盡量逃避陷入負面思想的機會，審視自己慣性的問題和判斷，檢查自己是否在問一些否定自己或者答案比較負面的問題，因為這問題本身便是自我否定和自虐的陷阱，助長負面潛意識的惡勢力。

一旦陷入自我否定的陷阱中，你的意識便會和正面力量對抗，結果嗎？你也很清楚，你越來越無精打采，悲觀消極，不思進取，自討苦吃，甚至暗裡享受自救不遂的挫敗感。

返回內心觀照自己，問心，毋須問題和答案。

別介入別人的生命

——兩個人兩個世界，婚姻只是一張紙。——

L的丈夫有了第三者，她痛不欲生，很想解決問題，於是一邊強迫丈夫放棄那女人，一邊要求親自約她談。

L的目的很清晰，希望以妻子的身份提醒那個女人不要破壞她的家庭，也提醒丈夫他是有婚約的，不要毀約。丈夫不想她介入，只說給他時間處理，她聽了覺得很不安，怕他遲早把持不定，覺得她有權介入事件，理由是：「因為我愛他，我們已結婚。」

自討苦吃。

女人最不智的是總要知道很多，要介入別人的生命。

兩個人兩個世界，婚姻只是一張紙。最親密的伴侶也需要自己的空間，獨自承擔和處理自己的問題。

他和那女人之間的緣與孽旁人無法介入，就讓他自行處理吧。

沒有人能掌管別人的生命，管你們是什麼關係。丈夫不想妻子接觸他的情人，因怕一切會變得太快，他沒有心理準備接受，他需要什麼可能連自己也搞不清楚，她大抵也一樣。

人總是這樣耗盡青春和緣分的，不是大家不想好好去愛，只是人有太多脆弱的時候罷了。L即使現在鞏固了關係，也安定不了彼此的心。那就給大家多一點餘地，才能築出更多可行的路。

別死守婚姻

——歲月才是最真實的，關係卻可以很單薄。——

不少女人有個離家出走的丈夫。偶爾回來吃飯探孩子，隨便跟你上床延續你被愛和復合的幻想。你難於取捨，說服自己還維持這段不倫關係是為了孩子，但可能更多是為了留戀失而復得可又得不償失的關係。

女人的情慾從來形而上的多，真正身心享受的少，不像男人純粹貪戀肉體和母性的照顧來得獸性和簡單。明明已經走上獨立的路，還慣性奴役自己，每星期用心燒飯等他回來團圓，上演一場家庭沒破散的假戲，待他下床穿衣離去後，你還是淚流滿面騙不了自己。

別再欺騙自己了，你原來承擔不起他的任性和自欺的傷痛。

毋須守住一個他、一個名份，無了期地拖累。該過去的應該讓它爽然過去，歲月才是最真實的，關係卻可以很單薄。親近他若不能為你帶來正面的能量，只會越拖越累。你無法擁有他，你只能擁有自己的生命和生活。

放得下才有新轉機，命運本來便是依照你的意願自轉的軌跡，就等你一個決定，生命將瞬間改變。

不要等待別人施捨愛。離婚不一定是答案，但結束偽裝的親密關係，卻是自愛和重生的開始，值得三思考慮。

別讓慾望大過愛

——慾望是取受（take），愛是施予（give）。——

人感到不快樂，不滿足，得不到愛，不被理解，孤獨寂寞，最大的問題在於無法觀照慾望在蠕動，更莫說管理得宜。

慾望是正面的能量，讓人向前走，尋找生命中更美好的、進步的東西。可是，人最大的心魔之一卻也是縱慾。試想想，每天干擾我們的腦袋，令自己感到很不自在，想釋放壓力，但又有諸多顧慮的，正是這些易放難收的能量的蠢動：性慾、愛慾、佔有慾、虛榮慾、權力慾、逸樂慾……慾慾無窮。

愛情，甚至是一般男女最大的慾望，雖然大家都不知道，還以為愛得純粹，付出得偉大。

其實，慾望只是能量的反應，是一股能量試圖湧出來，平衡自己身心內外不協調的自然反應，原本是有其正面意義的。

貪心的人有很多慾望，謙虛的人也有慾望。和尚有和尚的慾望，平凡人有平凡人的慾望，神職人員也有他們的慾望，這裡並不存在問題。

> 慾望是取受（take），愛是施予（give）。問題在，當慾望強過愛時，你會嘗試說服自己、維護自己、掩飾和自辯，慾望的能量便會自我放縱，從正面變成負面，影響自己和他人。

愛頓時變成放縱慾望的藉口。

難怪，當慾望大過愛時，愛侶之間只有折磨和傷害，不再感受愛，不再維護愛，甚至早已忘記愛。

> 處理慾望，我們需要覺知與承擔。

要承擔，需要成熟穩定的人格。我們沒有否定慾望的必要，正面運用慾望的能量，你會變得更積極、更富創造力。其相反的毀滅性可以很驚人，這點你是知道的。

固執害死你

愛和以為知道什麼是愛是不同的，前者是自由，後者是死執。

很多人都問過我，每天收到那麼多感情來信，最普遍的問題是什麼。我可以用五個字總結：固執害死你。

譬如說，我們的思想。臨床治療經驗告訴我，學歷越是高、知識型的女性，越容易死執感情不放手，比無知女人更盲目、更不懂分寸。

曾經一位唸過很多書的女客戶，她盲目愛上一個男人，感情一開始便太勉強，結果分手，她不服氣，不斷質問他為何可以那麼對待她，死命迫問他到底是否愛過她，不甘心被他拋棄。我只問她一句話：「問心，你真的很愛他嗎？」她呆了一呆，坦白說：「其實他不是我很愛的男人。」她最愛的是個已婚漢，兩人地下情已經很多年，她也一腳踏兩船。可是她會為這個拋棄她的男人茶飯不思，嚴重失眠，每天把他的名字寫很多遍，然後狠狠撕毀，再痛哭一場，自覺很辛苦。

最戲劇性的是，她說這是愛。

明眼人也知道這是執著。

過於用腦袋，擅於分析和重視面子的人，容易敗在自己的思想陷阱裡，自製思想困局，自覺應有能力駕馭愛，卻不知愛不在思想裡。

愛和以為知道什麼是愛是不同的，前者是自由，後者是死執。

自戀與悲觀

——愛是不可能索求的，我們只能從自愛開始。——

A說自覺身上帶著很多負面的能量，是個天生的悲觀主義者，是那種口是心非，在朋友面前裝得很快樂，又常常幻想自己成為悲劇中的女主角，其實很清楚自己是害怕孤獨。

她像很多人一樣，在日記上記下大量不開心的經歷和感受，日後重讀令自己更添哀愁，強化悲劇的宿命感。覺得自己很需要愛，可是沒辦法索求愛，也不清楚自己為何會這麼害怕索求愛，就這樣困在自設的思想悶局裡。

這是痛苦和自戀的典型行為模式。

愛是不可能索求的，我們只能從自愛開始。

愛的來源是我們的心，而不是向外取求。不愛自己，將不知道什麼是愛，即使它已經站在你面前。很可笑，我們經常是這樣把愛趕走的，然後埋怨愛沒出現過。

悲觀不是活壞的藉口。成長的責任，便是不論悲觀還是樂觀，不理好運還是悲劇，不計較條件優越還是差勁，我們一樣勇敢地面對，站起來，向前走。到最後，你會發現，

一切不如意事，都只不過是慣性和選擇的結果，跟際遇和事實無關。

你是自己的主人，毋須乞求愛，愛永遠是大方呈現和分享的，條件是自愛。

第三部分

給難以開始新戀情的你

忘記過去可以嗎

你願意花多少時間和心神去留戀和糾纏，同樣也可以將那股力量轉化為改善和重新去愛的力量。

生命中最叫人不能承受的，要算是不斷重複打圈轉。

明明剛和他和好了，為什麼不消幾天他又故態復萌？明明接受了治療，感受過前所未有的釋放，以為不再悲傷了，怎麼沒幾天情緒又波動起來，還是老樣子？都分手了，怎麼還是無法忘記他，還要被他的傷害折磨？

到底如何才能忘記過去？

問題在打圈轉。

人心每刻都在浮動變化，變，從來沒有時間觀念，是我們把時間加上去，製造

變的連續性，所以，經歷過的都會再回頭，尤其是未能忘記的傷痛。這一刻我們以為兩顆心已整合了，把愛凝固在某個時間點上，一生一世的願望就此產生，可下一刻關係出現了問題，感情出現了變化，你會回頭尋找上一刻（或者過去），執著曾經那個當下，死守那個時空下你我在某種寬容量度下達成的愛情抱負，譬如你愛我，我愛你，我們一生一世。又或者，換上另一個時空，思想受到負面衝擊，過往失戀的經驗又回來了，多年前某段失戀的片段突然立體起來，對照現任男友變壞的此刻，果然一致，原來你跟舊男友一樣壞，真的不愛我了。我重新受傷，記恨，返回失戀的起點上。

這是思維的陷阱。

要知道思維的本質是：零亂紛舛，跨越時差，多重標準，容易情緒化，像潛意識的混沌，像夢境一樣難尋章理和秩序。啊，難怪我們對彼此正在修理的關係越來越失去信心，等下次出現問題，我們又在過去和現在的分裂斷層處兜兜轉轉，糾纏不清。

可以換一個角度看看嗎？事情縱然複雜，能不能最終得以整合並不打緊，關鍵在諒解和寬容，放棄死執的過去，活在此刻。

就如愛一樣。

愛的體驗每刻都在自我更生，我們不需尋求理解一個叫恆久的愛的東西。愛在變，世態在變，我和你得每刻更生，不然，無法適應變幻無常的愛情。

約定要更生，承諾要更生，與時並進，與感情同行。愛不是法律，需要不斷按時代變遷而修正、更改，應該與時並進。你扯住三年前他說過某句話的意思要他負責，他說對不起你誤會了，那時我並不是那個意思。瞧，誰是誰非？問題不在當時那句話的合法意思，而在此時此地兩人是否願意重新包容對方，面對變逆的現實狀態，重新播下信任和感情的種子，重新溝通和諒解，包容和接受。成長如是，愛情如是，生命才能歷久彌新。

可惜兩個人都走累了，乏力更生，只剩下過去，難耐的現在和卸不下的面子。不想記起，未敢忘記。

世界上沒有完美的關係，假如感情一開始是真摯的，已經是很好的緣分。

我們卻要等到感情變質後再把罪與罰放回過去，寧願相信痛苦的過去比現在更可靠更真實，卻把最真摯的愛全盤否定，那句老掉牙的怨言「我們一開始便是錯的」，是自尋煩惱的源頭；「他怎能忘記得那麼瀟灑」的想法肯定讓你自討苦吃，自製傷口。誰讓我們偏偏銘記創傷的回憶，邊留戀邊流淚！

到底怎樣才能忘記過去？我們無法也不願意放下，將過去的傷害轉化為向前走的力量，寧願返回起點苦痛癡纏。

你願意花多少時間和心神去留戀和糾纏，同樣也可以將那股力量轉化為改善和重新去愛的力量。苦的能量和愛的能量，其實都是同出一轍。

過去就是過去，不需要忘記。能不能像暫時不用的電腦文檔一樣，毋須刪除，存放在資料夾裡？這也是包容過去的嘗試，總比強迫自己刪除它溫和和更有量度。到頭來誰是誰非，誰執著誰看破，都不應再是評價過去的藉口和理由。

讓時間自己流動吧！

我們只能祝福過去，感謝發生過的一切。
從傷口中提升愛，從悲慟中體味淨化和
平靜，便能瞥見更大的愛。

這不是神才做得到的，你必須相信。

愛，自我

最後的愛，是沒有彼此，沒有分開，沒有你我的圓融。

很多人問我，生命的意義在哪裡？

我願意這樣告訴你：為了活出愛。

愛從來在我們心裡面，只是我們都不知如何把它帶出來，凡人如我們，窮盡一生大抵就是為學習愛而來的。愛自己，愛別人，愛不應愛的，愛應該愛的，愛世界，愛地球，愛太空，愛宇宙，愛無限，甚至，純粹為愛「愛」的本身。不愛的話，活不過去。

人是有意識的生物，意識的本身並不是思維和腦筋，而是一片無私的愛，沒有國度邊界的大千世界。愛，不為什麼地存在著，活著是為了體驗愛。

有人轉化成為愛情關係，可是要了關係忘了愛情；

有人把愛變成使命或責任，以犧牲之名為自我委屈套上神聖的光環；

有人視愛為前世命定的緣分，一句「天意弄人」把愛的能量緊封在認命的死局裡；

有人覺得全世界欠了自己，要求太多付出太少，看不到愛那純粹無條件的光，黯然抑鬱地活下去。

很多人在愛的邊緣徘徊，往裡看，往外看，想進入，又想離開，總有一點東西在裡頭，叫想接近的人不敢進入，又不捨得離開。我們構想中的愛，慣性有一個自己，一個對象，演變出千絲萬縷峰迴路轉的感情糾葛！在其中享受、佔有、質疑、掙扎、猜忌、憤恨、自虐、他虐、算計、暴虐，血淋淋地，呼天搶地。這是愛的關係，卻不是愛。

一切問題，離不開「自我」。

有位受療者告訴我，她常常暴飲暴食，控制不了自己，生無可戀，有想死的

傾向，卻十分關心治療費是不是很貴，她已花掉幾萬塊去減肥和問卜，還怕負擔不起。另一個中學生向我埋怨母親在沒有徵得她的同意下就生了她，令她受苦想自殺，可割腕又怕痛，跳樓又找不到高樓。可笑的是她住在全城房價最高最優越的山頂。另一個男客戶說不是他不想長進，就是沒有人值得他學習，假如哥哥比他大一點，假如爸爸比別人強一點，他會尊重他們多一點，更願意以他們為榜樣學好。有位女客戶說受不了丈夫和另一個女人講電話，和他攤牌迫他從中選一個。另一個說不明白為何含辛茹苦為愛人送湯送衣送身體，最終還是無法得到他全部的愛，生不如死。

問題，是自己製造出來的，你認同了尋死，是為承受不起把生命活得太無聊而向自己做個口頭交代罷了，真想死的人不會關心貴不貴、痛不痛，因為理應沒有什麼比生存更痛。同樣，想學好，改善自己，不能等其他人先為自己變好和開路。

認了吧，藉口而已。認真思考自殺的人是玩思想遊戲的哲學家，真正需要自殺的人不會「想」自殺，只會「去」自殺。連死也怕痛、怕樓不高跳了不死的話，我只能說：城市最適宜跳樓，到處是世界最高建築物，放心，跳下去死定的，你到底跳還是不跳？

再想清楚，到底問題在哪裡？不要被自己習慣了的負面思維打倒！

大部分的情緒困擾都是執迷於大大小小的迷局。埋怨全世界，自甘受害，釀製緊張關係。執著一個你、一個我。

我怕自己成為對方的負累。我怕依賴他，也怕他依賴我。我怕他愛上別人不再愛我。我只要求他專一。我只想為他做一點事。我這樣做全都是為了他。我願意為他好好活。我希望他永遠記得我。我無條件為他付出，他卻不領情。我等候他也不應該嗎？

怕成為別人的負累是很自我的想法。怕失去對方原是害怕自己空虛，也是自我執著的想法。怕依賴也是自我，怕失戀也是自我，還執著彼此、你我。「自我遊戲」從來是最大的執著。

自我是最大的敵人，我們卻寧願成為它的夥伴。

跟隨它比離開它容易，雖然兩者都難，兩者都痛。可是，為什麼我們還是願意跟隨自我的擺佈呢？因為自我令我們相信，自我遊戲讓我們還有拖延的藉口，不想當下面對自己，面對一個不完整、不完美的自己。自我的好處，是讓我們找到理由逃避自己，自欺欺人，安於滯留，不思進取。

我們容易在感情問題上被情緒吞噬，卻不知縱容了自我，想像出自己的病態，啊！自我太厲害了。

但我們可以選擇自救，放下自我。

當不如意時，想像有股能量在體內和宇宙連通，在那裡感到安然，不要認同負面的感覺，選擇和內在的安詳在一起，就是平靜的來源。

平靜的關鍵在於我們選擇在平和內，還是徘徊在平和外。

愛應該變得寬大。最後的愛，是沒有彼此，沒有分開，沒有你我的圓融。

那天，我聽到世界上最真實的情話：我和你就像兩個水泡一樣一起消失，融入最大的愛的海洋中，那時，我們將永在，不再分開，也不再介意分開了，自我也不在了，這就是最大的愛。到時，我們將沒有什麼需要害怕了。

最大的愛，莫過於此。感謝存在，讓我們有機會感受愛的圓融。

你相信世上真有愛嗎

最終誰得到幸福和平靜，是他們自己修來的，不依靠他人。

日前收到一封電郵，看了令人感慨。她說：「你每天收到這麼多悲觀的郵件，你真的相信有愛嗎？你會對我付出愛嗎？我只是一個再平凡不過的平凡人，你不認識我，你也會對我有愛嗎？我讀你的專欄，起初，我會覺得你很假。世上真有人會為我們無條件地付出，即使自己的身體不適，也會回覆郵件給絕望的大眾，開解他們心中的創傷，真有這種人嗎？

你對我們的愛，像耶穌對世人的愛，你對我們的付出，像耶穌對世人的付出，世上真有耶穌存在嗎？我不相信，我只會相信自己。我對人付出了愛，別人會尊重我的愛，會珍惜嗎？我看到的並不是如此。他們看見你有利用價值時，會把你的愛作為利用的武器，沒利用價值的，會置諸不理。」

我回覆了她。九天後她這樣回我：「你的能量給予我無限的鼓勵。你明白我

的世界嗎？我開始發覺不明白自己，不明白別人，我需要的是什麼呢？我不知道我是一個怎樣的人。」

我們懷疑生命和愛，並沒有問題，但要知道，這跟世上是否真有愛，是否真有好人無關。是我們的心在作祟。

信仰是人自我投射的產物，愛也可能是。

但重點不在真假對錯，你可以放棄自己，不相信任何人，但每刻的呼吸，動情的眼淚，也是真實的你，有情慾愛恨和追求的你。這就是生命，人的價值就在此，這不是很深的道理，這是你每天照鏡看見的自己。人最大的痛苦之一，就是執著真假對錯的道德，和別人比較。誰較幸運，誰較痛苦，原是逃避責任，自我安慰，加深負面埋怨意識的嘗試。當覺得人家比你幸運時，你的心胸正在收窄，這才是真正的不幸。

別人的心胸怎樣，我們無從控制和改造，

但我們可以選擇開放自己的心胸。

世上有太多不幸和可惡的人事，凡人都有私慾。就如讀者、客戶和朋友總喜歡從我身上吸取能量，我不埋怨，只覺得是福氣，我只能量力而為。他們抱著什麼心胸來，我不管，因為我只相信一件事：最終誰得到幸福和平靜，是他們自己修來的，不依靠他人。正如沒有人能奪走我的愛，不是因為我很富有，有無窮的能量，而是我寧願付出，讓愛的能量流動，不想固守。對方是否善用，是否有愛，或者壞心腸，一切都由他一個人的生命去承擔。你要承擔待人待己的後果，世上沒有道德，心會誠實告訴你。

學習信任愛，即使你無能力付出，或者沒有人肯為你付出。

當你打開自己的心，你根本不會計較，因為你看見更大的愛在包圍你，你已活在愛中，不需要向外他求了，甚至還會釋放愛，感染別人。

世上最富有的人是誰呢？不是神，不是大富豪，而是心胸寬大平和的人。他們不會受傷害，他們活在愛中。

你也可以這樣。

需要一張愛的清單嗎

——愛沒有對錯，只管後果自負，無怨無悔。——

「你說我這樣的行為和想法不算愛，可我心裡又確實感到很愛他，朝思暮想離不開放不下，這種痛心的感情還不算愛嗎？你到底如何界定愛？」

讀者和受療者都喜歡問我這樣的問題。

愛必須要被確定或界定才有價值嗎？信念有時比界定更重要，尤其在心靈追求的層次上。

沒有人需要先確定人生的意義才敢或肯活下去，不然早已無法活了。沒有人需要一張愛的清單才能投入愛。

沒有人有資格和能力界定愛是什麼，但相信愛而又被感染的人有很多，因為信念讓人活得下去。我說什麼不算愛，也只是勾起你反思到底要求的愛是什麼，學習自我觀照的狡猾陷阱罷了。

信念是支撐生命的重要能量，像意志一樣，不能被界定、量度或比較。信念只能活在個體裡，不需要集體力量的支援。這也正是它不受污染、純粹的可貴之處。活在虛弱腐朽的世界裡，還有信念的人是有福的，正如還有愛一樣。不是因為信和愛擁有一個絕對的道德真理，而是若借著行使它而減低你對自己和別人的傷害，不再需要愛你的人替你擔心，或者被你精神折磨，浪費能量資源，已經相當有意義。

我已不奢求談愛更高的層次了：提升自己的生命價值。

你明白我的意思嗎？

我真的愛他嗎？他愛我嗎？需要擬一份愛的清單安慰這兩個問題嗎？那就是對愛信念不夠，更正確的說法應是，你對他和自己的信念不夠，跟是不是愛無關。

每個人都有愛的尺度和標準，愛沒有終極答案。

有趣的是，大部分人都以為愛就是快樂，卻怕失去，所以需要束縛，因而愛得很痛苦，卻寧願相信痛苦是愛的入場券。那我問你，愛得不快樂，為何還要愛呢？

「這就是愛的代價。」你說。啊，我只能問：能有正面一點的代價嗎？

妥協、遷就、虛偽、自虐、貪念、壓迫、糾纏、奢望、自我……製造了愛的束縛，成全了痛苦，大家愛得很辛苦，卻不忍離場，怕失去痛苦更空虛。同樣是那個問題：那為什麼還要愛？是愛的本質有問題，還是大家的愛變質了？

我無法告訴你愛其實是什麼，我只知道放下執著便是最大的自由，那是最孤獨、最平靜、最釋放、最無憂、最喜悅的狀態，不再有擔心和焦慮，不再害怕走錯或傷害。無罪，無念，純粹的能量，永恆的微笑，我感到很大的愛。

問自己：你嚮往這種愛的境界嗎？還是怕不再擁有，不再被你操控的世界令你不敢面對，感到更不安？

你的答案，就是你對愛的要求和定義了。愛到底有沒有道德呢？我這樣愛他對不對？不要再執著於這些問題了，愛沒有對錯，只管後果自負，無怨無悔。

你對愛有什麼要求，你的愛便給你什麼後果，沒有埋怨的餘地。是你選擇的，由自己承擔好了。愛的世界是公平的，我們的世界卻不夠愛。

無法放下只是習慣，跟愛無關；無法忘記並不等於還有愛，也只是慣性，甚至是惰性，因為你害怕孤獨，你害怕自由，獨立不起。

再問下去就是：你想自由嗎？抑或寧願捆縛自己和別人，一起痛苦就是相愛的見證？為何愛的定律必須是悲劇，不敢解放它，還我自由呢？

你到底害怕什麼？

這個問題，留給你好好想一想。

我們這樣處理舊愛

處理舊愛，再循環比花心思要毀滅它更划算。

越來越容光煥發的J問：結了婚的女人還有人追會是怎樣的呢？

我答：會更美麗，像時裝換季一樣的興奮。

當然，條件是這女人必須很享受婚後被其他男人追求的樂趣，散發重燃戀愛的光彩，比任何護膚品更顯神效。追求她的對象並不重要，是不是真的愛上新對象也不重要，更不一定和身邊的另一半鬧得不快。關鍵是，單是被追求的本身，吸引力可已經太大了。令生命煥然一新，經常有戀愛感覺的女人，當然必然美麗。

想到丈夫有可能變成舊愛，J的處理方法是永遠向前重整自己的位置，現代女性經典中的經典：「即使我和丈夫日後發生什麼事，我也一定不會再考慮結婚。試想想，這麼困難才從一個框框裡逃出來，幹嗎還要再一次投進去呢？真不明白有些人會馬上和新戀人結婚，結果再度陷入相同的婚姻困局裡，自討苦吃。」

不記來時路，是忘記舊愛和向前走的好方法，

卻不是每個女人都有本事駕馭的。

譬如剛失戀的W。某個大清早突然來電問好，原來又出事了，剛和男朋友分手。這個朋友的情緒一向不大好，我百忙之中還趕過去見她。她哭著說不明白自己為何還是不能放下舊愛，聽到舊愛在別人面前說自己的不是，心裡便很不舒服，鬧情緒，借酒澆愁，把胃也飲翻了。她還介意對方，不忿對方分手後馬上左擁右抱，像徹底漂白了這段感情一樣，叫她傷心欲絕。W的問題是理性上全然明白，處理感情時很幼稚，但卻捨不得放棄不理會他人的習慣。她其實骨子裡不想獨立自處，重新做人，她負面地享受著自己走進別人話題裡的存活感。她害怕寂寞，害怕一個人。處理舊愛的方式，她選擇了自我虐待。

又譬如，離婚數年的F，雖然已戀上另一個男人，可是，偏偏感情進展欠佳，是自己的壞脾氣還未改掉，也是自己還不懂得付出的真正意義，要求對方太多，永遠只看到對方不完美的地方，更甚者，喜歡和其他女朋友的男人比較，結果當然是自己的男人永遠被比下去，怨天尤人。而她，近日開始夢見和前夫曾經擁有

的溫馨日子。「我真不明白為何居然會夢到前夫。那麼艱難才和他分手，結束痛苦的關係，為什麼到今時今日還掛念和他的往事呢？我覺得自己很沒用！是不是我還對他餘情未了呢？」是她一直無法面對婚姻失敗的現實，也是她現在的感情生活出現了問題。我告訴她，永遠不要解釋夢的內容，因為這不是面對夢的正確方法。

夢是潛意識自由運作的系統，它反映的是我們的情緒狀態和創造能力，它讓我們釋放壓抑在心底的負面能量。

所以，做噩夢並非凶兆，只是我們有需要把焦慮排出；綺夢中和自己纏綿的主角是誰並不重要，它只是提醒我們原來近日需要補充流失的戀愛熱度，也意味著現在的感情可能已有走下坡或者乾枯的危機。不要把夢見的東西視作提醒自己失敗的信息，反而應該懂得，抓緊夢中的感覺，在現實中尋找和再締造。

F的夢不是提醒她對前夫餘情未了，而是和現在的愛人關係生疏了，是時候培育親密的戀愛感覺了，不然，也許是出現問題的先兆。

夢到舊愛的殘忍記憶，千萬不能將焦點放在否定對方身上，而該抽離一點，明白原來是最近自己和自己的關係出現了問題，是自己太緊張、太執著，是自己情緒和感情不平衡，夢是潛意識為我處理和排走負面能量的過程而已。知道了，便學習放鬆，不要執著舊愛和自己的不是，更好的，便是要感謝他再次出現，提醒自己活歪了。

處理舊愛，再循環比花心思毀滅它更划算。

不，不是這樣的

我們有智力否定一切來強大自我，
卻沒有智慧看穿一個微細的執著。

試著留意你每天的對話或思想，說得最多的可能是這句：「不，不是這樣的。」

是不是你的脾氣不好？不，是他先對我兇。

是不是你也有錯？不，你根本不明白。

是不是你不了解他？不，是他不了解我。

是不是你做得不夠？不，我已付出了很多，他卻看不到。

是不是你疑心太重？不，我能舉出很多事實證明問題在他那裡。

是不是證實他不再愛你便死心？不，我捨不得放棄，卻不能原諒他。

是不是覺得沒有人明白你？不，不只是這樣的。

是不是覺得還有人明白你？不，你們都沒有經歷過我所經歷的，怎能明白我？

是不是我說錯了什麼？不，跟你無關。

是不是你偏執了？不，算了，別再說了。

條件反射一樣先說「不」。否認遠比肯定或者不下判斷多。

我們慣於否認和判斷，捍衛自己不被了解的那一份委屈。

事實也許真是對方錯了，可死命保衛自己的清白，到頭來問題越辯越混淆，除了更委屈和氣憤，什麼也沒有得著。這到底是什麼遊戲？

當雙方各執一詞在爭拗，事實是什麼根本已不再重要了，不容置疑的更大真實卻是：你已動了氣，壞了情緒，替自己辯護，你開始執著，你失去平靜。

明知爭拗沒結果，目的只有一個：你在縱容不能犯錯、怕遭受遺棄的自我。

人生大部分所謂糟透的感覺都是自我製造的。

自我經常焦慮不安，吸蝕我們的能量。

「我」的存在之所以能成立，必要條件就是不能沒有「你」，但「我」要否定「你」，甚至改造「你」，才能鞏固那個「我」。所以啊，

我們經常無意間習慣說「不」，否定任何危害

自我的外在力量。

打倒你，才有我。

你我之分是自我的生存條件，卻叫人筋疲力盡。

細心留意自己何時在說「不」，往往就是自我活躍的當下，小心縱容了自我。

又是害怕孤獨的代價。

可「我」並沒有察覺到，這個怕沒有「你」又要毀滅「你」的自我，其實並不是真正的自己，只是負面的思維活動和習慣反應而已，力量卻強大得足以蠶食我們的生命力。難怪，日子越過越不快樂，心情越來越沮喪，出路越來越渺茫，什麼都不對勁，一千萬個「不」！我們花掉畢生精力不忿地反駁和否定，換來最痛苦不過但自我壯大的隱性快感。我們以為自己其實並不想這樣，偏偏死執不放手，心被蒙蔽了，看不透。

我們有智力否定一切來強大自我，卻沒有智慧看穿一個微細的執著。

自討苦吃。

讓判斷和執著穿過透明的身體，看著它路過，不做抗衡，平靜觀照。這樣的話，沒有任何人和事能傷害你，也毋須害怕任何東西了。

因為，你已醒覺，放棄了自我，做回自己的主人。

不抗衡不反應，並不代表無情或畏縮，相反，在平靜中才能擁有更敏銳的感覺，能看穿善惡對錯、是非黑白，同時超越它，不再執著。這是最大的包容、最大的寬恕，也是最大的平靜和悅樂。犯不著窮盡精力為不理解你的人鬥智鬥力，哪怕他是你最愛的人，或者不相干的誰。假如對方真有問題，你的平靜反而迫使他無法再靠攻擊你而生存，因為當你的自我消失了，便剩下他一個人孤獨面對他自己的自我，再也無法逃避了。這才算得上是對他真正的愛。

說「不」沒有問題，只要不是源於反駁或否定的念頭。觀照後平靜地說「不」，是不會感到難受和痛苦的。

豁然接受一切的發生，便不再有衝突和煩惱。

真正無私的愛便會回來。

如何做到真正放手

一旦承認責任在自己身上，我們便可以選擇放下和平靜，做回情緒和思想的主人。

活著，真的那麼痛苦嗎？

我們有個習慣性的想法：痛苦總是別人害你的。愛人令我痛苦，親人令我痛苦，上司同事令我痛苦，過往令我痛苦，前世今生的業障令我痛苦，命運令我痛苦，連信仰也令我痛苦。

我們會習慣性地問：為什麼他會那樣做，為什麼他不待我好一點，為什麼他不近人情，為什麼他不長進一點，為什麼他不能讓我安靜一點，少費一點神？似乎所有問題都是對方引發的，自己被動承受，可憐地回應，已經極盡最大的克制和努力，還是沒有用，因為問題在他身上，自己已無能為力，是條受傷的可憐蟲。

明顯是源出自我的投訴，要別人遷就自己的意願啊！

不過，更大的問題可能是：既然他已是無可救藥，為什麼明知沒辦法改變現實，還是無法放手？還是要和他糾纏下去，質問他為什麼不這樣不那樣？

這就是孽。

我敢說，大部分痛苦都是自己造成和不想停止的病態。我們口口聲聲說對方有問題，卻離不開他的問題，寧願繼續保持彼此折磨的關係，把問題延續下去。這是什麼理由呢？問題可以看得更清楚嗎？原來自己病態地需要這段關係，製造自己的悲劇，為確保自己是受害者，不捨得放棄互相折磨、無法改善的關係。越是痛苦越不捨得放手。

雙方都是病態。

不要只顧埋怨對方，看看自己也是加害者。到互相虐待又不肯放手的地步，還可以怪誰？

曾經寫過一句：執著抑或放手，你是可以選擇的。

讀者和受療者都問：OK，我是想放手的，就是做不到。

問題是，

> 我們有種種藉口，把痛苦的責任推卸在他人身上，

所以改善的動力也自然推卸到他身上去。他不改，你便無法改變。這是逃避責任的假邏輯。其實，我們才是製造痛苦的元兇。我們忘記了最重要一點：

> 不管怎樣，誰是誰非，我們都要對自己的生命負責，可以選擇面對問題的態度。

也許我們無法控制情緒，深受悲傷困擾，欠缺方法改善自己，但我們可以選擇覺醒和接受，尋求改善的途徑。

> 一旦承認責任在自己身上，我們便可以選擇放下和平靜，做回情緒和思想的主人。

更重要的是，承擔責任之餘卻不執著需要「承擔」的那個自我。不然，還是個不情不願、有存在主義色彩的英雄，或者無奈被迫接受命運的受害者，到頭來還是不自由的。

學習靜心，是去「我執」的一個可行的辦法，人人皆有能力做到。

讓心定下來是很重要的。氣一動，便無法自已。當痛苦來臨時，看著它，保持觀照，不做判斷，不回應（記著，判斷和回應是最大的誘惑），讓它來，穿過自己的心胸，它自會離去，向它微笑說再見，因為沒有反應，大方接收它的你掃了痛苦的興，它會沒趣地離開，找個和它一起享受痛苦的人玩一世。

不要陪痛苦玩，你玩不起的。

沉默和觀照是第一步，尋找達至平靜的方法，
那是會不會重墮痛苦自虐的關鍵。

古印度靈性導師阿提沙（Atisha）有個教人放下痛苦的方法，美得令人感動到落淚，很想和大家分享。很多靜心練習都叫你做深呼吸，幻想把喜樂吸入，將不

快和痛苦呼出。可阿提沙相反：幻想把世上一切的悲傷和憂愁吸進去，然後將你所有的幸福和喜樂呼出來。你會驚訝，當世上所有的悲哀都在你身體裡面時，你將不再痛苦，因為你的心將飲盡的苦杯轉化成無我，把愛傾出。吃得苦可以是壓抑，懂得放送幸福才是愛。

寬容比包容更偉大，後者還有最後一個包容的自我，前者卻已經開放了自己，真正融入天地宇宙中，這就是生命最深邃美麗的同情共感（compassion），也是最大的愛。

你曾這樣愛過嗎？若沒有，請重頭再來。

擁抱它，痛苦不再是你的敵人。

女人感情用事的真相

你的情感改變整場愛，你的想法決定整場愛，是喜是悲，一念之間。

很多讀者來信問，為什麼大多數女人都難逃感情問題？這是個了解女人的好問題。

我嘗試把問題再打磨一下：到底女人是多情的動物，還是亂想的奴隸？抑或根本就是兩者不協調運作和互動的總和？

女人天生有感情豐富的生理條件，因為主管一切情感活動和反應的腦結構部分發展得很成熟，得以應付女性在生理和現實環境中需要承擔的諸多心理壓力和責任，譬如經期、生育、養育下一代等。孕育的條件需要很強的感情基礎，所以女人天生需要愛，需要表達愛，付出愛，滋潤生命，同時也需要很強的忍耐意志。因為要承擔幾十年各種與孕育攸關的等待和痛楚，如經痛、陣痛、哺乳等，所以女人特別需要被愛和安全感，讓她們能堅持下去，為生命打打氣。

相對而言，男人在發展情感活動和反應方面較為遲鈍，因而不擅長表達情感，慣於用另一組腦結構處事和感受世界，感受人。女人在情感的表達和需求上比男人複雜得多。女人容易愛情澎湃，感情用事；男人流於冷漠，理性；女人是情慾複雜的動物，男人是情感簡單的動物，原來也有其科學的佐證。

了解兩性情感結構的真面目後，我們才開始明白兩性多一點，真正理解女人多變難控的情緒反應和依戀感情的軟弱。

依戀愛，需要被愛，本身沒問題，問題是，當你以此作為逃避成長、害怕獨立的藉口時，就是無賴。

以生理結構理據作為壞情緒的藉口是不智和幼稚的，因為你還沒有成為一個真正合格的女人，寧願逃避，做個拒絕長大的小女孩。所以，很多自我放棄、恃弱凌人的女人特別依賴男人，強求得到男人的照顧，最終變得討厭和醜陋。

同樣，當男人告訴你他們好色花心、不負責任，是基於男人先天生理結構的必然結果沒辦法時，你當知道他只是個沒有進化好、懦弱無能、不想長大和承擔責任的小男人。

兩性的角色，需要承擔的責任和壓力隨時代逆轉，男女的情感結構也應與時並進，革命更新，這是情感進化的劃時代責任。

兩性需要尋求情感和理智互融溝通的可能，才可望達至和諧理想的戀愛成果，也是愛情中一條重要的出路，而另一條路，是自我的修行。

要情感革命，先要知道什麼是情感，了解情感的運作。情感（emotion），一般我們只指涉「情緒」，但情感的涵蓋面比情緒更廣，包括所有情慾和感覺的心理變化反應。情感受制於七情六慾，七情指喜、怒、憂、思、悲、恐、驚七種情緒變化和情緒反應。情感原是中立的，每項都有其正面的養生價值，過火便成害，連喜樂也不例外。中醫認為過份的情志變化可損傷不同的內臟：怒傷肝，喜傷心，思傷脾，悲傷肺，恐傷腎。人重視喜，否定其他，六比一，天，難怪你的傷感和痛苦總比快樂多。孰不知喜也可以變成害，是你的腦袋在判刑。

七情以外，六慾同樣有其正負意義，過度者可泯滅心性，但沒有它，你就沒有幹勁和魄力，失去 sex appeal（性吸引力），進入情感更年期，過早老化。

愛情中必有情慾，尋求純粹也好，尋求依戀也好，不用否定或縱容，上天給你的都有其價值，能幫助我們成長，提升素質，在於你如何運用它，安置它。

情感原是能量，能量本沒好壞，愛是情感表達的一種模態，本身沒有好與不好，只有需要或不需要。女人卻因為生理和心理需要過份重視愛，容易忽略了由需要演變成慣性渴求的心理依賴，自身愛的能量不夠時，頓失安全感，於是渴求被愛，從外力補充更多愛的養分，漸漸變成依賴愛，又漸漸將依賴變成要求，希望改變別人成全自己，給自己更多愛。又將要求變成強求，製造強迫性，於是，女人會不自覺對愛人下判斷，強迫對方，還自己製造痛苦，最後對愛下判斷。由最初對愛的需要，演變成對戀人的判斷，忘記了愛。否定愛人，否定自己，甚至否定了愛。

這就是愛情最典型不過的定律：由愛的需求演變成判斷愛，剩下經營關係的權宜，現代一點的用語是男女關係攻略、PK法門、兩性暴力。

愛，卻諷刺地沒真正進化過，只有倒退。愛情不再，只剩下諸多負面的評價和不滿，給愛畫上句號，給關係畫上無限伸延的破折號，不忍看到盡頭，卻死執不放手，因為怕孤獨，被愛的需要還沒得到解決和填補，卻已混戰了一輩子，浪費青春，到最後，誰會甘心放手離場？

這就是愛到或恨到不肯放手的真相。

戀愛過的人都知道，情還在時他的好就是愛他的理由，情變了，以往的好變成現在的醜。能量正面時看到什麼都是正面，反之則看什麼都是負面。於是，溫柔變懦弱，豪氣變粗魯，關懷變囉唆，體貼變煩擾……瞧，所有的判斷都只發生在你的腦袋裡。當你的情緒和慾望失控時，你就是情感的動物，美其名曰多情和善感，其實也可以說是懦弱和貪心，心智大亂。當你企圖為自己的情慾失控自辯，覺得自己是受害者，合理化自己的負面情緒如痛苦、委屈時，你又變身為亂想的奴隸，哀悼自己的命運，為自己淪為受害者抱憾，暗地裡詛咒曾經所謂愛過的戀人，轉過頭又覺得還是深愛他。

你的情感改變整場愛，你的想法決定整場愛，是喜是悲，一念之間。

說到底，誰才是受害者？誰才是加害者？

你是情感的主人，別再做愛的乞丐或奴隸了。

如何有效面對情困和痛苦

不要先從最完美的心靈層面去解決自己的困局。先從生命中最基本的元素入手，那就是身體。

當我們遇上情感困苦的問題時，很多人希望尋找明燈。在一定程度上，閱讀文字可以幫助我們解脫思想，它的力量夠強的話，可以讓人開悟，看到愛的真理。

不過，思想的開悟是不夠的，因為我們最大的心理問題，就是思想和身體分家。思想太強的話，不是我們個人能力可以完全駕馭的，這也是為什麼執著是那麼難醫治的病。我說身體，是指所有構成我們能感能想能創造的意識和生理結構，包括最基本的生物運作，和七情六慾的情緒反應，簡稱情緒。

痛苦、受傷、不甘心、貪戀甚至熱情、投入等，大抵都是情緒的反應。這些情緒反應，力量可以很驚人，因為它的層面跟所思所想的理性很不同，它有獨立於理性認知的生理運作，情緒過強反應的話，甚至會影響理性運作。

最新醫學研究證明：主宰我們情緒的器官主要是心臟。觸及情感傷口的情緒，是由心臟直接把信息送交控制中樞，即自律神經系統，讓我們的身體馬上做出反應，如心跳加速、血壓上升等。自律神經系統不經大腦操控，所以反應來得特別快，像條件反射就是這個系統控制的。如我們碰到火會不經思索馬上縮手一樣，這是自我保護機制，目的是保護生命，但同時也容易造成心理上的憂慮，讓我們對未發生的事預先憂慮不安，想到最壞的後果，影響心情和健康。這點，在很多戀愛經驗中最常見。

更重要是，心臟其實是個相當強的器官，心一亂，它所產生的電量竟然比腦袋高出五十倍以上[註]，所以嚴重干擾其他身體機能，造成身心傷害。我們想想，在極度悲痛和恐慌時，我們會失去理性變得歇斯底里，蠻不講理，甚至怒火沖天，傷害別人尤其是最愛的人，或者做出很不智的行為，事後才驚醒過來。心在極度混亂時，它會令控制理性的腦前額葉暫時停止運作，所以我們才會有一時瘋狂不顧後果，或以死威脅等行為，事後才後悔，可能已經太遲了。

感情上的困惑和執著，科學的說法就是心臟亂了性，沒有和腦協調運作的結果。

所以，很多人都被情緒駕馭了，無法做回自己，不論學歷智商有多高，也會在情緒的動亂中變得幼稚失控，做出很多令自己都無法理解的事情。心甚至有能力讓大腦理性化、合理化自己的運作，像我們經常理性化、合理化、獨特化我們的憂慮、痛苦一樣。說什麼「你不是我，你不會明白我的痛」這樣的話。

問題是，我們應如何真正自療自己呢？

真正高質素的治療是開啟心性和心眼，這是我的治療重點，也是我跟一般心理諮詢最大的分別。我要求做到的是心腦協調，而非心理安慰。前者是徹底的，後者是片面的，很快便會返回原形，因為情緒太強了，這一刻明白了問題所在，下一刻又返回痛苦的感覺中不能自拔，然後否定了曾經想改善自己的意願，結果反反覆覆，像我們的感情困擾一樣。這一刻強壯了，下一刻又崩潰。這一刻下了決心，下一刻又被痛苦回憶打倒，再次淪亡。

情緒病、心理病是很難醫治的，因為大部分的治療方法都是在「心理」的「理」上去做功夫，忘記了更重要的「心」。

這個心，除了是在心性、心胸的靈性層面談外，更關鍵是實際的「心臟」健康，

也就是使情緒平靜的根源。

我們必須從實際的方法入手，改善自己的心胸和心理健康。你可以從網上、書本、朋友間尋求別人的意見，可以從理性的層面明白問題所在，但真正能幫你解脫出來的，從來不是文字，不是人所說的，不是你腦袋裡諸多的念頭，而是從身體開始，返回自己的身體去探索它跟你說什麼，改善自己的情緒狀態、荷爾蒙分泌、氣血的運行，減低肝鬱，提升腦內安多芬（快樂激素）的分泌，最理想是不靠藥物而達到。

了解自己的身體狀況是很重要的，也是第一步。我的建議是，

不要先從最完美的心靈層面去解決自己的困局，因為失敗的經驗反而容易讓你對自療失去信心和動力，變得更負面、動搖，覺得自己是無可救藥。所以，先從生命中最基本的元素入手，那就是身體。

用優質的呼吸法、定心運動、營養食品、自愛的養生法等幫助自己。有些可以通過文字分享，有些必須個別度身訂造，因為每個人的體質和問題也不同，必須對

症下藥，不能貪圖方便要求開一張自療清單跟著做就生效。譬如，能量呼吸法對大部分人在短期內的效果都很好，可是對心律不齊的人而言卻可能造成不舒服，甚至影響健康，必須得到很專業的指導。有些人多吸收奧米加3能有效穩定情緒，但對於凝血有問題的人而言，可能會造成危險。這些都是一些例子，大家要注意。

每個人最終需要承擔自己的生命。不要依賴天書、醫生、聖人來救自己，因為，

沒有任何人真正了解你的身體，也沒有任何人需要對你的生命負責任，除了你自己。

註：關於心臟和腦神經系統的運作與情緒的關聯，可參考大衛．塞爾旺－施萊伯（David Servan-Schreiber）的著作《痊癒的本能》。

學習感謝

——感謝改變的不是關係，而是我們的心。——

每天坐在電腦前，閱讀眾多讀者來信時，我都活在別人的哀傷中，過多的感情傷口和要人陪葬的自我執著，通過網路發到我數個郵箱中：求你，一定要馬上回我；希望你替我分析，我等不了；我能怎麼辦呢？我很辛苦啊；不要再告訴我如何做了，我不是你的受療者，你根本不明白我；早一點認識你便好了，我便不用多走冤枉路啊；你記得我嗎？我是你的小學同學啊！我有感情煩惱⋯⋯

有讀者和擔心我的朋友好心地說：「假如我是你，每天收那麼多負面的書信，我會堅持不下去，情緒和心理也一定會被打擾。一個人無法承擔世上所有的傷痛啊！」

是的，一個人真的無法承擔世上所有的傷痛，更何況，我只不過是個平凡小人物罷了。我無法承擔，也不需要承擔，因為每個人只能承擔自己的生命。慶幸的是，偶爾也會收到感謝的來信。

例如，已經忘記是多少年前遇見過的一個朋友的兒子，昨天突然收到他的電郵，說在報紙上讀到我，驀然發現我就是當年那個給他升學意見的姐姐，他說：「當時我問你轉讀體育科的意見，你還記得嗎？我現在已是一位有經驗的體育老師了，享受教師的工作，雖然與你只是閒話幾句，但你的意見卻影響了我的一生。我一直都想向支持過我的人說聲感謝。」我回他：「怎會不記得你？我沒有改變你的一生，是你自己爭取的，所以，也要對自己說感謝。懂得感謝的人是有福的。」

我不知為何總有這種緣分，遇上，改變，繼續發生。能收到正面的回應，也許是我在電腦前感到最安慰的時刻，雖然，真的不多，可惜。我不為收到感謝而付出，反而是知道懂得感謝的人，問題將很快過去，讓我看到治療的希望。

人是可以活得好一點的。生命有不同的方式和變數，是我們太介意受傷害，怕一個人，偏偏我們總活在悲傷中，死局一樣坐著不動只想死，想著如何折磨別人和自己。

我們暫時可能無法學會如何扭轉悲傷，變成快樂，但起碼我們可以嘗試懷著感謝的心，甚至不需要理由地說一聲感謝。

向肯聆聽你的人說感謝，向給你機會了解和改善自己的壞情人說感謝，向願意勇敢走出自愛一步的自己說感謝，向曾經和現在愛過你、你愛過的人說感謝，甚至，向一直傷害你的同事、上司、親人或戀人說感謝。

曾經教過一位自小怨恨母親，現在雙親已離世，卻還是耿耿於懷的受療者，去想像和母親傾談，和她修補關係，嘗試諒解她，發掘值得感謝她的事。她卻說：「你是開玩笑吧！別轉移重點，還是返回現實告訴我如何放下已分手的男友吧。」她的病根，在她不能寬容的心。能釋放長久積澱的怨恨，你將體會放下過去和現在的可能。不要說：「我辦不到！」

大部分的執著都是不知足，害怕孤獨，和忘記感謝的後果。我經常教受療者這樣做：在臨睡前說一聲多謝，向誰說都不重要，不要問為何，重要是向潛意識輸入可以感謝的正面信息。日子久了，你會發現你將更容易寬容，更懂得自愛和愛人。

感謝不是扮演文明的禮教，而是不用回頭怨恨的由衷體會，打開愛的心輪的重要能量。

感謝改變的不是關係，而是我們的心。

如何愛自己

——自愛的目的是自由，方法要花一生去尋找。——

有讀者說：「你講的愛很深奧。你說很多人都在自虐，明明痛苦還不放手，我很認同，但是，有時候放手真的那麼容易做到嗎？你說的那種愛，真是每個人都做得到嗎？我最近跟男友分手了，我也一直強逼自己不要想，忘記他……即使不去想，天還是要我想起來，即使不想起來，心裡還是感到難過。我也不想天天說很辛苦，很難過。到底我要怎樣做，那些感覺才會消失呢？」

也有讀者說：「你教我要自愛，我是真心努力過，做瑜伽，看增值書，上課程，做義工，做時感覺很舒暢，我會覺得有幫助，可是當痛苦的感覺再次襲來，舊記憶再湧現時，我又被打回原形，一切的努力前功盡棄。自愛真的很難啊，我到底有沒有希望？是不是永遠不會痊癒呢？」

都是非常有血有肉的事實，相信曾經決心改善自己的人都感同身受。愛很難，

愛自己更難，因為期望和慾望投射的對象這回變成是自己，埋怨和遷就，折磨和縱容，來來去去只有自己、自己和自己，只能怪自己，不再有藉口。自愛不容易，尤其是當我們還未找到自愛的終極目的和方法時。

我肩背痛，積極尋醫，還自行研究經絡穴位，每天自己按耳穴，才開始找到問題的源頭。不是因為我空閒，或者自大不相信人，而是因為我明白所謂痛症，就像其他病症一樣，只是表面的訊號，實際上是整個人經年積累的問題，每個器官和關節都在抗議了。背痛不只醫背痛，失戀不只醫失戀的道理，才是我們學習自愛的第一步。我選擇不懶惰，多付出。

世上只有自己最有資格治好自己，但要花耐性和愛，還有決心和堅持。自愛是我所明白和領會過最偉大最漫長的愛情。自愛的目的是自由，方法要花一生去尋找。

關鍵在信念和付出，而不是技巧、際遇、性格或什麼。

有人最舒服的存活狀態就是和自己活在一起，體驗愛的所有。能愛自己已經不容易，要愛其他人就是迎戰差異和疏離的大事，最後剩下謙虛微弱的慾望。一個人也好，兩個人也好，不多強求。

也有死命追求他愛，不知要先愛自己的可憐人，每天問：真愛何時出現，工作何時結束，生命還有多久，為什麼自己老是不快樂？

一個人苦，兩個人更苦；走也苦，停留也苦，你自己選擇。

我們的腦袋是最大的敵人，它甚至扮演愛的角色，讓我們以為愛是什麼什麼，投射向某個人（包括自己），某種感覺（如苦與樂），某種選擇（如建立或放棄關係），什麼浪漫、激情、溫柔、體貼、壓迫或虐待，可以又不可以。問題是當下是否感覺到這一切，讓宇宙的能量和自己的融合，釋放自由。能找到自愛的入口是有福的，不管那是愛情、創作、進修、旅遊、交友、運動、水晶、投資，什麼都可以，關鍵是不斷問自己：不想這樣，你還想怎樣？然後寬容地再接再厲。

假如付出就是苦，那你的愛只剩下苦；假如付出就是福，那你的愛便很幸福。

從來沒有容易的自愛過程，不是因為愛本身很艱難，而是我們習慣用腦袋去愛，所以，我們應付的不是愛，而是腦袋，

不要執著做到、做不到，深奧、不深奧，而你我也清楚，去除腦袋的執著，從來不容易。我們只能謙虛地，懷著信念去愛，走一生的路。

沒有任何命運保證苦不再來，康復了不會再病，不要幼稚妄想一勞永逸的治療，和不勞而獲的幸福。

這就是關於愛的一些真相。當你敞開自己的心，便不再執著艱難或容易，計較辛苦和得失了。

自愛 vs 自戀 vs 自私

自愛的人散發愛，自戀的人封閉愛，
自私的人要求愛。

你能分得清自愛、自戀和自私的分別嗎？

簡單而言，

自愛是愛到放下自我的境界，對自己不離不棄。

很少人能真正自愛，因為無法放下自我的執著，又容不下別人，無法做到豁達從容。

自戀則是自我放縱的結果，包庇和維護自己的
缺點，原諒自己的一切，

太在乎自己，容易忽略別人的感受。

自私卻是包庇自己之餘，同時剝削別人，苛求別人，希望或利用別人成全和遷就自己。自私的人不懂得愛，自我中心，無法與人同情共感。

自愛的人散發愛，自戀的人封閉愛，自私的人要求愛。

先檢查你自己屬於哪一種人，才有能力替別人定案。能做到不自私，覺知到自戀已經很不錯，再修下去，才是真正的自愛。

其實，這也是一個問自己是否愛錯的問題。

很多人都不清楚自己是否愛錯了對象，以為和愛人合不來的原因是某方太自私或太自戀，或者只知自己不夠自愛，卻不知原來自己從來太自私，自戀到拒絕去愛。

只有願意自愛的人，才知道自己到底有沒有愛錯，是否活在愛之中。其他的，只是在愛的概念上兜圈轉而已。

等誰拯救等誰愛

每個人都有能力治療自己，關鍵在於是否願意走出一步。

經常收到讀者的來信，大部分都是能量很負面的信息，等待拯救和被愛。

不少讀者問，你每天接收那麼多負面的信，會不會很辛苦？會不會很孤單？你不快樂時會向誰傾訴呢？

我相信自愛。

自小便看破情感依賴的結局。

跌下來，活上去，最終只能靠自己。每個人都有能力治療自己，關鍵在於是否願意走出一步，是否還相信愛。那便由自愛做起。

最近一位受療的客人依照我教她的方法，將負面能量轉化成正面，後來收到她的來信：「素黑，剛開始一兩天覺得整個人好像會發光，漸漸發覺開始愛上了自己，每晚做完你教我的運動後，我會跟自己說晚安，但這幾天我竟然跟自己講 I love you，相信這是進步吧！」

另一位讀者，跟她聊過後，散了心，她回了我一封令人感動的電郵：「今天我躺在床上，用吃剩的哈蜜瓜皮敷面，馬上收到一條信息：不要再執著。跟著便哇啦哇啦哭個不停，心裡沒有不快，像是要釋放什麼似的，望著窗外的陽光，覺得自己很幸福，心裡不由自主向初戀男友道歉，祝福他。」

愛的喜悅沒有離開你，只要你願意接近它。

轉化慾望能量

別費勁否定慾望，它無可無不可，
問題在你自己的內心。

P自覺慾望太多，令自己無法專心做事和愛人，問我應該如何壓抑慾望。

小心，這提問的背後是一套將慾望負面化的價值觀，以為慾望對情緒和道德造成了干擾，有害處，所以必須加以否定，忽略了慾望的正面意義。

我們不要否定在自己身上存在的一切條件和能力。擁有慾望也是一種能力、一種本能，但凡是本能，必有其存在的正面功能。慾望是力量，是推動力、生命力、創造力、向前發展的生命原動力。

沒有慾望的人跟死魚沒分別，但縱慾的人卻跟野獸沒分別。可是，人應該可以比死魚和野獸更高級。

不懂得管理慾望，才讓慾望變成侵蝕心智的負面能量，令人心亂、失控、倒退，嚴重者淪為沉淪心癮的心理病態。我們要對自己的慾望行為負責任，不要用任何理論如生理結構論、性別定型論等概念合理化、可憐化自己的慾望失調問題。

別費勁否定慾望，它無可無不可，問題在你自己的內心。

或者你說是別人的慾望打擾了你，讓你不安。其實說白了，只是你的慾望被別人的慾望反映出來，才令你不安，想抗衡和否定它而已。

看到別人的慾望感到不安時，其實同時在看自己的慾望。

你需要的不是去除慾望，而是找一個平亂的定點，覺知它，接受它，轉化它，不留判斷，你將不再被慾望的能量干擾，反而能有效地使慾望能量循環，轉化為滋潤生命、孕育愛的有機動能。

超越個人滿足

——當愛很強大時，個人的滿足早已不再重要。——

我們總以為自己已付出了很多。可是，當我們想得到肉體快感，或者要討好對方，費心思體諒對方時，自我、惰性和計較的本能往往勝過原來希望付出愛的單純願望，在滿足慾望的抉擇關頭，我們都寧願先滿足自己，因生理需要之名，因體力不濟之名，因條件不及對方之名，因已付出太多筋疲力盡之名……總之，我們選擇了自我，說服自己思考過愛便已愛過了。原來最終，人只愛自己，愛情是假象。

證明你的愛不夠力量。

當愛很強大時，個人的滿足早已不再重要，看到所愛的人因你的付出而快樂，容光煥發，更加積極地活著時，所換回來的滿足感能超越個人慾望上的滿足。

這是愛的真正力量，你把愛修得很好。

常聽到女人埋怨男人不肯付出，太多嗜好太少心思，漠視女人的感受和奉獻。原因也許是男人表達情感的方式太貧乏，慾望過大無法平衡愛慾，終其一生在慾望中進進退退。女人較容易傾向於將慾望轉化為愛，先放下個人滿足，先去滿足別人。可是，女人也同時傾向於母性泛濫，過份為別人付出而失去自己，理由不是擁有更多的愛，只是愛得太愚昧，想做愛的聖人，也是貪慾。

相反，若能真的愛到放下個人滿足，出發點是自愛而不是自虐的話，那麼，無限的愛，超越個人滿足的喜悅將會出現。最終有人還在慾望中掙扎，有人已變得無限包容，甚至成佛成道。

成人成佛還是成為奴隸，都是你覺知和選擇的結果。

選擇退步不會好過點

——人最大的痛苦，便是放不下過去。——

失戀的人總有個妄念：要怎樣才能回復以往的歡樂或平靜狀態呢？

這是一個思想的陷阱。

人最大的痛苦，便是放不下過去。不論是快樂或痛苦，愛或者恨，都死抓住放不下。

其實不是害怕那段歷史，而是害怕將來，害怕再努力也還是得不到成果，所以死抓著過去，逃避面對自己的無能和軟弱。

這正是愛情給我們的考驗，也是人生的意義：讓我們尋找修補自己的力量源頭。

失戀者要做的，不是從記憶庫中尋找修補自己的力量，不靠「回復」以往，

而是「重新」建立更新過的快樂體驗。這體驗得靠自己馬上建造，而非坐著發愁、緬懷過去可以得來。

> 失戀好，起碼能讓我們知道走壞了路，應找新路走，追求進一步，而不是選擇懷舊和退步，借過去擦新感情的舊患。

選擇退步不會讓我們好過一點，那還泥守過去幹嗎？路不分好壞，都是要花氣力走的，不要吝嗇走路的氣力。

追溯過往的快樂，尋找過去的記憶，只會浪費精力和心神，所以越是回想過去越令人疲累，光是想已經可以想到筋疲力盡，難怪失戀的人多面無人色、失落人形。

戀愛，是更新活老的自己，促進新陳代謝的保健過程。相信愛的人不可能消極，因為他們把身心保養得很年輕，條件是向前看，不斷進步。

感謝過去的發生，積極地更新現在的自己，換上嶄新的精神力量，這是重新做人最簡單不過的道理。

我們都想做好人

避免依賴，也別背負別人的生命，才能儲備自愛和他愛的條件。

我們都想做好人，正因為我們都不夠好，無時無刻不軟弱，正邪想法轉呀轉，所以需要修心養性，才有能力去愛、行善和付出。

很多人以為自己已經做到尊重別人，不再傷害人，也不想受傷害，對得起自己和別人。偏偏心太貪，意志也太薄弱，一心想發洩，結果爆發出來的情緒反彈只會傷害人，卻又覺得自己已很努力，為自己和別人付出了很多，只是別人不諒解，是別人的心胸狹窄，別人的什麼什麼。

懷有這樣的歪想，無法得到真正的平靜，關係也被破壞了，人與人之間的磨擦和不滿也無法平息，以致我們都活在猜度和互相否定的關係裡，活壞了心胸。

要達到自療自愛，必須先管理好自己的貪慾，盡量打開心胸體諒別人，同時也學習抽離關係遠一點，為自己保留正面的能量，

避免依賴，也別背負別人的生命，才能儲備自愛和他愛的條件。

我們都渴望靠近能量正面和純粹的人，借他們的力量感染自己，所以我們都那麼希望能找到上帝或高人點化自己，讓平凡的自己得到神聖的體驗。可是人只是人，所謂找到了，便容易依賴，依賴了便容易墮落，像返回母體一樣覺得安全，不再想長大，那就不能再提升自己了，有的也只是智性上的信奉，修而不行，無法成「仁」（即是無法跟別人好好相處，二人無法在一起）。

難怪我們付出得那麼累，愛得那麼脆弱。

別否定自己

當人自信不足時，便會迷信自己的思想，執著於別人的評價。

A說她老是記得舊男友對她狠狠說的話：「別以為你有幾分姿色我便會愛你。」還有精神科醫生的話：「你的進展不大，我還是轉介另一位醫生給你試試看吧。」還有尖酸刻薄的上司的話：「你不覺得自己比一般人蠢嗎？」還有母親的話：「都30歲了，還沒有男人要，你有什麼用呀你？」

對，我們總被無辜地否定，被判斷，不被認同，不知還活下去幹嗎。

但你並不可憐。

最卑微的人也有活著的價值，沒有人能真正認識你、了解你，你被否定跟你的內在價值無關，你毋須認同別人，做他們的幫兇否定自己。

連你也在自己身上找錯處、踩上一腳的話，你也中了自己的歪想圈套，把自己構想成是敵人。

當人自信不足時，便會迷信自己的思想，執著於別人的評價。

記住，沒有人有資格判斷你。大部分人的思想裡裝載的只不過是互相感染的負面內容，你毋須認同它，你有其他空間和智能去想別的，做別的，分散沉溺的歪念。

學習自愛的第一步，便是懂得在適當的時候篩掉負面的思想，鞏固正面的想法。

人生是個學習篩選所要和不要、更新自己的旅程。

你才是自己的主人，別否定自己。

把執著吹走

打開心眼看著怨恨離開、飄走，
原來它只不過是微塵一粒，微不足道。

忘記過去難，尤其是感情瓜葛。

W說她理性上已接受丈夫曾經不忠，可是感情上還是無法釋懷，每當想起被背叛過便傷心流淚。要忘記嗎？不可能；要原諒嗎？又太艱難。

這是執著，也是負面情緒記憶帶來的生理性後遺症。

原來情緒記憶會牢牢植入掌管我們情感反應的腦部分，那裡正好跟管理理智的部分分開。有研究指出，創傷記憶會一世留在情感腦內，不能完全忘記。所以，我們若要放下過去，必須把記憶從腦袋轉移至心胸的位置，因為記憶在心輪位置不會活躍，心會把它轉化、循環，變成包容和愛的能量。

只有心才有能力感化腦袋的執著。

我常教人自療執著的方法便是這個。自療從心開始，那裡正是愛的泉源。打開心胸，愛便是無限，不再介意是非對錯，不再死執手裡的流沙，風中的微塵，海裡的沙石。

試做這個修心的練習，把愛掏出來，感染自己和別人：

每晚臨睡前，躺在床上靜下來，想像心胸位置有股暖流在湧現，那是很舒服的、帶著感動的微光和暖流，能把一切恨怨融化。感受一會兒，然後做一次腹式深呼吸，注意在呼氣時，可以想像把壓在心中的、已被愛融化的執著和怨恨輕輕吹出來，別過份用力，要溫柔地放它走，讓它返回原來的地方。

打開心眼看著怨恨離開、飄走，原來它只不過是微塵一粒，微不足道。

帶著微笑歡送它，這樣你的心將充滿正面能量，換回愛的滋潤，你將懂得放下。

學習放過自己

肯不再虐待自己，已經是懂得去愛的第一步了。

當我們發愁的時候，心輪的位置會翳悶不安，十分不舒服。

古印度瑜伽把人的身體分成7個主要的「脈輪」（chakras），那是身體不同的能量中心，能量在不同的輪位會產生不同的情感和意識的反應。

而心輪，就在人的心胸中間，是情感能量孕育的地方。當情緒不穩定，情感受到激蕩時，這個位置，最難將息。

當你傷痛到不能自已時，身體上反應最強烈、抽搐得厲害的位置，正是心輪。

女士們佩戴飾物時，應盡量不要壓在心輪上，以免阻擋心的能量收放。至於

那些輻射高的東西如手提電話，更不宜掛在心口；還有出入公司的保安卡，最好也不要掛在胸前了，那可是工作壓力的記憶符號，能讓潛意識接收負面的信息，影響能量的運行，結果會影響情緒。

情緒不好，想哭，想發洩，請盡情釋放出來，不要壓抑。

良性地釋放而非發洩情緒是補養能量的好方法。

冥冥中，宇宙的能量隨時跟我們接通，給我們生存和愛的力量。

只是，我們容易粗心，把能量關閉，拒絕宇宙對身體更好的安排，選擇自我虐待，像故意找個不愛的男人過一夜，以為是對不愛自己的另一位的報復之類的行徑；又或者，死命借工作逃避面對愛情，因為害怕受傷害；甚至，暴飲暴食以懲罰自己沒有抓緊業已消失的幸福。你再努力做什麼，最終還是苦了自己，心輪會隱隱作痛。

學習放過自己，原來比學會怎樣去愛更重要。

肯不再虐待自己，已經是懂得去愛的第一步了。

你的心輪將會張開，微笑。

你的所想騙了你的心

學習客觀地自療你自己，別活在愛的假設中，養活假情的慾望。

J說看過我一篇寫放不下的文章，正好說中她現在的感情狀態。她對剛分手的男友感到內疚，覺得心裡還愛著他，放不下。

對分手情人記掛，其實可能是潛意識裡的貪念，不想中斷那段關係，借想念他，希望他好，找到幸福，安慰你自己，自己覺得偉大和純潔。

啊，原來自覺欠了別人，才可名正言順地毋須忘記對方，這可是你不願放手的心魔自設的陷阱？

不如問清楚自己，真的對他已死心了嗎？還是怕剩下自己一個人，寧願心裡繼續糾纏？

再問自己：假如他現在告訴你他剛找到新愛，並且很恩愛，和她做愛很激動很滿足，你聽了，會感到安慰，還是心酸甚至嫉妒呢？

當然，不是要你若無其事地替他高興，心酸是正常的，沒有什麼可恥不可恥。只是，再翻一翻自己心底的感覺，可能發現除了心酸外還有不甘心，覺得原本充塞你的心的正是他，為何現在空了一個洞？

對，原來他只是用來填補內心空虛的工具。

所謂內疚之心，其實可以很虛偽，借天使的純潔重抓得不到的舊情。

女人傾向扮演偉大的角色，讓人錯以為你無私、純粹，性愛分明，不沾肉體情慾。我只想提醒你：別以為自己的心裝載的是愛。你敢讓我用反映你真心狀態的「心率協調儀」測驗你的心真正所想的話，測心儀會很客觀清楚地告訴你，愛是寬大地藏在心裡，還是只不過是貪慾和亂心的結果。

很多客人接受過「測心儀」測試後的資料都證實：當你是用頭腦去「思想」

愛著某人時，你的心率數據會是一團糟並不穩定，可知你所散發的愛的能量其實有多亂，你的愛人接收到的是什麼質素的愛啊。若你放下執著，把愛放在心的位置，溫柔地放鬆，變得無私和充滿感謝的話，心率資料會變得很有規則，顯示你正在散發愛的能量，心在協調你整個身體，進入健全的狀態，這才是令人感到舒服的愛。

這可以是很殘忍的證據，也許你不想接受你原來一直以亂七八糟的能量去愛他，難怪他感受不到愛，只有壓迫和窒息，所以選擇離開。

學習客觀地自療你自己，別活在愛的假設中，養活假情的慾望。

知道但是做不到

心定了，便能平亂，安靜，提升能量，情理平衡，你便能獲得行動的動力，從「知道」到「做到」。

D說：「我什麼道理都懂都知道，就是做不到，無法放下不再愛我的他。」

既然所有道理你都懂，那就不要再從道理出發求自救了。凡是從腦袋出發的，都不過是概念，概念只會令你活得更糟糕。

好好照顧自己的心，對自己的心溫柔一點，因為那是感情和情緒最重要的發源地。心的力量太強了，它所發出的電流甚至比腦袋還要強50倍。不好好料理它的話，它任性起來時可真一發不可收拾。

所以，大部分人都在感情中失去理性和方向，心一亂，你再強也會倒下。因為心太強了，沒有能力平衡它的話，它將駕馭身體其他器官，甚至控制我們的腦袋，你便會反覆地鑽牛角尖，走不出困局，道理你都知道了，只是無法控制自己做應該做的事。這是心腦不協調，心控制了理智的惡果。

心勞損了，便會失去自控能力，無法控制自己去愛還是不去愛，做應做的事，更不能平衡情緒，你的心只剩下亂，你所發出的能量也變得有心無力，經常感到累，失去人生方向，或者帶著負面意識，影響別人，讓自己和別人都無法感受愛。

我們愛得虛弱，正因為亂了的心太虛弱，
愛不會發生在損壞虛弱的心裡。

先學習強壯自己的心，其中一個科學的方法是借助OM靜心音叉調校膻中穴即心輪的位置，提升心的能量。它能發出一個客觀的振頻，那是136.1赫茲（Hz），這剛好正是古印度靈修者在冥想時發現人能和宇宙產生共振、和諧的一個音：OM。

美國的生物音頻專家約翰．蟠龍博士（Dr John Beaulieu）提出，在生物的層面，心臟能在136.1赫茲的振頻下馬上釋放適量的一氧化氮（nitric oxide），這是構成心臟健全和穩定地運作的必要元素，能令它發揮其功能，並能提升身體整體免疫

力。而在心靈的層面，心輪這個地方，即中醫學上膻中穴的位置，在回應 136.1 赫茲的振頻時能產生深度放鬆，有助疏通和打開能量，同時讓放鬆的血脈釋放適量的一氧化氮。

心定了，便能平亂，安靜，提升能量，情理平衡，你便能獲得行動的動力，從「知道」到「做到」。

關於 OM 靜心音叉和相關信息，可參考我的著作《愛在 136.1》及我的網店：好好愛 Good Living – https://suhei.world.taobao.com。

開放潛藏的能量

我們有強烈的悲情，其實也有同樣強烈的激情，只要懂得轉化。

不少人在接受治療後，都有一個共感，也被公認是最珍貴的收穫：治療過程令他們猛然了解自己多一些，發現以往從不曾想過的、嶄新的自己。

多年前，我在學習自療的過程中也驀然發現，自己是個相當相當壓抑的人，自我封閉機制強得要命。與此同時，情緒卻澎湃得翻天覆地，隨時隨地可以哭得死去活來。

自己好歹還是個可以哭、懂得哭、願意哭的人，也算是安慰。

收藏情感，壓抑愛恨，轉化成自我殺戮，折磨他人，都是我們待人接物、虐待自己的慣常手段，傷了自己，也痛了別人，包括自己以為是最愛的另一半。

我們天天以捆縛自己的情慾作為平衡點，逃避那個內在狂熱、有情有性的自己。也許，我們每個人都有許多面鏡子，反射多面的自我。箇中，有讓人嚇一跳的瘋狂、暴力、溫柔和愛的能量。

開放潛藏的可能性，我們會活得更平衡，更燦爛，也更發熱發亮。

關鍵是，將所有負面的能量，轉化成正面強烈的能量。

我們有強烈的悲情，其實也有同樣強烈的激情，
只要懂得轉化。所有能量都已經蘊藏在我們體內，
隨時靜待我們的呼喚。

我們每個人都可以愛得好轟轟烈烈、好享受。只要好好了解自己，運用自己無窮的能源，放開去愛，自然能散發最大的愛。

得肯定自己，相信自己有力量。

找個依靠點

當你把變壞的感覺和情緒內化，讓自己一個人承受和承擔時，你遲早會崩潰。

我們很容易軟弱，表面卻裝作堅強。

尤其是女人，以為可以包容一切，最終付出一切卻亂了心。我們感到不安，因為我們把自己封閉在自我的小世界裡，把負面情緒鬱在心裡，不懂得釋放轉壞的能量，無法舒懷。

人的能量是這樣的：當你把變壞的感覺和情緒內化，讓自己一個人承受和承擔時，你遲早會崩潰。

理論上，人是必然孤獨的，沒有人能代你活下去，可感情上，你無法找到一個依靠點的話，無依無靠便容易崩潰。

當能量掏盡了，世上最強的人也會倒下。

我們累了，能量跌到谷底，情感受創，助長負面想像，一切頓然變得灰暗，失去意義。必須提醒自己：這種感覺只是腦神經傾向負面反應的慣性循環，而不是生命真實的反映，別認同它。

當能量下滑時，不要死命地撐。人是孤獨的動物，但不用執著孤獨。找個感情的依靠點，譬如愛人，譬如寵物，譬如自己，譬如神，虔誠地放在心裡，愛著祂，然後對自己微笑，說聲感謝。不要計較這個依靠點是否真實存在，

人就是人，需要依靠比自己更強的心靈和感情支柱活下去。

不要介意依靠，毋須顧忌面子或什麼，人本來便是群體的動物，沒有執著孤單的理由和需要。抓緊一個讓自己定心的依靠點，平靜自己，然後超越自己。能提升的話，才能體會生命的意義。

愛愛小我

——想像受傷的那個你，正是小時候的你。——

朋友告訴我一個很有意思的辦公室體驗：

同事經常被老闆責罵，所以經常不開心和抱怨，她卻一點感覺也沒有，因為受罵的不是她。可若老闆是罵她的話，她一樣會難過和抱怨。她說：「我忽然頓悟，當事情發生在自己身上時，是否可以立即將感覺置身事外，當作事情是發生在別人身上呢？那麼，我便可以跨越負面情緒了。」

確實是很有創意的體悟。

每個人的內心都有很多如懦弱、堅強、慈悲、貪婪、理智、盲目、自愛、自虐等互相矛盾又共融的情感和意識狀態，擁有很多個自我，容易迷亂。

其中一個穩定情緒的自療法，是把鬧情緒的那個自己抽出來，試想被遷怒、中傷的那個是你又不是你。

再進一步，想像受傷的那個你，正是小時候的你，你看著這個「小我」在傷心流淚時，隱藏的愛會被喚起來，你會先放下大人的一切得失怨懟，上前安慰這個無助的小我，一心呵護他，保護他，讓他再現笑顏。你能這樣做，能量便能馬上被轉化成正面。

小孩的心是單純直接的，感受到愛便會滿足，哈哈一笑繼續去玩，忘記過去，活在當下。

人生原可以這樣簡單過。

尋找是會上癮的

尋找是會上癮的，正如旅行一樣，最怕旅途完結要歸家。

很多想積極改善自己的讀者和客人，他們一生尋找很多東西，找呀找，想找很多答案，關於自我了解的、關於感情關係的、關於家庭關係的、關於前世今生的……總之，不斷尋找。

上課，找治療師，試新方法，什麼都會試，啊，真的非常積極，令很多人甚至他們自己也以為，他們已經很愛自己，為自己為別人已經很上進，願意不斷學習和進步了。

能做到這一步，真真不簡單，因為在有心之餘，也要有意志。過程本身是很有意思的，也是享受，找到什麼並不重要，重要的是在尋找的過程中是否看到更多風景，心胸更打開。

不過發現一個有趣的現象，在我的治療經驗裡，原來有不少受療者是借尋找治療方法逃避面對自己的，很弔詭啊。他們不斷尋找醫生、治療師、智者、高人，待找到很多好的方法後，他們的潛意識卻會馬上抗拒，要他們離開。腦筋雖然知道什麼才是對他們好的，心卻變野了，立即轉移目標，尋找更新鮮更管用的方法。

「有別的選擇嗎？」「這個方法很有效，還有別的嗎？」唉，像shopping一樣。

尋找和選擇適合自己的自我改善方法是值得嘉許的自療態度，不過，

> 我們得觀照自己的尋找態度，看是否墮入「尋找渴求症」的病態：不斷尋找，找到了便逃。

「這個方法讓我感覺很好，不過要花時間，還有更快捷方便的方法嗎？」

最好能找到一粒藥，吃下便一切解決了。是嗎？我打賭，真的有良方在前，他們還是不敢吃下去，生怕從此斬斷尋找的機會，他們是對尋找上了癮，志不在治療。

尋找是會上癮的，正如旅行一樣，最怕旅途完結要歸家。我們便是這樣讓自

已不斷地尋找，最終其實最害怕找到，不想真正定下來，安頓好自己情感遊子的心。這是心癮，像找到好伴侶，還渴求更好的一樣，結果忽略了跟伴侶溝通和相愛的美好時光，便讓自己或對方溜走了，豈不可惜？

也是慾望，和心魔。

我們的心便是我們的家，尋找得太累，還是回家好。

情感消費＋治療

生命中有些東西不容計算，也無法被等價取替。

讀者K希望我能替她做治療，說很難接受和男友分開的事實，幾年間大家變了，價值觀不同了，覺得自己很固執，寧願選擇抑鬱，希望能過得快樂一點。後來發現治療費與她的預算有出入，便說寧願花錢買書看電影或請朋友吃飯和旅行，讓自己開心，也不想花錢做治療了。

由需要治療到決定放棄，不同的人可以有很多放棄的原因，K的原因是從計算出發，貶視了治療的價值。

心性治療是自我革命，需要很大的決志，明白治療是打開內在死穴的寶貴過程，不是消遣或玩票性質的情緒宣洩。K把治療等同消閒娛樂飲食吃喝買陪伴，先不談是否尊重治療師的專業和付出的心，她的價值觀正好反映出現代人追求外在官能刺激，但求產生一時快慰或麻木，換取短暫心理慰藉的心態，可是這種心態，買不到洗心革面的精神解脫。

需要娛樂可以買，需要陪伴也可以買，可消費過後，一個人時，面對負面意識回流，會再度跌墮情緒失控的痛苦，原來一切都是假的。

假如我們真的能單靠普通的娛樂消費找到平靜快樂的話，感情傷口早已治癒了，人生也不愁傷痛，該是幸還是不幸呢？

生命中有些東西不容計算，也無法被等價取替。

看得懂這點，才有條件尋求解脫的出路。

第四部分

給無法接納自己的你

愛在緣與孽

——「自己」才是我們最大的因果關係。——

人與人之間冥冥中有些不能拒絕的關聯，往好裡說是緣，往壞裡說便是孽。

不過，假如你不再執著文字，緣和孽，還不是同一個字？

關係不能勉強，也不好逃避。緣來緣去，償還了，這段關係便會結束。未完的，下一世繼續糾纏。假如你也相信，感情的債也一樣的話。

不，假如你真的相信緣或者孽，你最好別想它是什麼債。緣或者孽都是這生留給自己的禮物。我們懂得拆開它，珍惜它，才算了結這段孽緣，還自己自由的空間。

譬如，客戶C告訴我，她寧願和男朋友分手，也不願意他心裡有第三者。「就是受不了他抱著我時還想著另一個女人的身體。」啊！你想獨佔他的思想嗎？「不

是的，我只是不想他對我不專一而已。」矛盾！我想問她，多少次，她在做愛的時候，腦海裡想著的是心儀的男明星或替自己燙髮的髮型師？多少次情人節，她幻想著能收到像韓劇俊男的暗戀者神秘或公開送的花？又有多少次，在求診的小斗室中，曾經被醫生那筆挺的白恤衫所散發的白色誘惑搞到心律不齊？

假如能加深彼此親密關係的話，暗戀著人家，也不壞。C只看到孽，忘記了緣。

P也是我的客戶。和丈夫結婚兩年，一直不能享受正常的性生活。她因為太緊張，不懂得開放自己的身體，所以常常覺得痛，不得已。丈夫對她憐愛有加，沒有半點怨言，因為愛，也是他這生和她走在一起的緣和孽。結果，一次她獨自旅行時，在異地認識了一個年輕男子，不知不覺間和他搭上關係，P在床上赫然發現，她不再痛了，好享受性愛中自己的狂叫。一生第一次做享受的愛，就因為這個萍水相逢的小伙子，治癒了她的封閉。回家後，更愛丈夫和性愛。

你遇到什麼人，和什麼人搭上，擦出什麼關係，得了什麼，失了什麼，愛過痛過，生過死過，似乎真有命運之數在背後運算。

重要的不是命運，而是全然接受的勇氣。

我最愛的哲學家尼采，窮其一生想告訴我們的也是這個：假如命運要我們的生命不斷永劫回歸，你現在經歷的，感受過的，若干時日後將原原本本地重複再現，你有承擔和面對的勇氣嗎？

不如這樣說：他有外遇，你被拋棄，和愛人生離死別，你後悔放走他等等，將一式一樣再發生，在同一世的緣與孽之中，你敢說「我願意」嗎？

我愛過他，我恨過他，他還是他。愛恨只在我心裡。我受過傷，我失控過，日子還要繼續。借一個他令自己受傷，傷終歸還是要自己承受。

其實，所有的事情都是自己導演的戲，由自己擔演，自己剪輯，自己觀賞。

「自己」才是我們最大的因果關係。

誰是受害者

我們安心穿上受害者的衣裳，便永遠看不到愛的赤裸。

某週刊剛對我做了一次個人專訪，記者有興趣知道專門替男女處理感情問題的我，個人的私密感情世界又是怎麼一回事。我居然大方地公開自己從未公開過的秘密。別人覺得我神秘，自小便有人對我做出無邊的幻想和諸多揣測。到底是我有哪種靈幻的力量，讓人百分百信任我，跑來告訴我他們的秘密呢？我的經歷要是有什麼特別的話，也只不過是因為從小便看穿愛的目的在提升，而不在建立容易令人停步和退步的關係，加上自我的執著，痛苦由此而生。

每個人似乎或多或少都有過傷痛的情史。曾經愛過，受過傷害，久久不能釋懷，青春便流逝了，多麼傷感的故事，傷感得叫我們都不捨得放手，怕失去了那些歷史，像沒有愛過一樣空白，失去令生命沉重的價值。

啊，受害和痛苦，原來就是生命最有份量的價值，真不賴的發現。

看透這點，便不難發現，所謂因愛成為受害者，或多或少是我們選擇令生命有點重量的工具，本身並沒有必然的價值，反而是心癮和藉口。

我那些所謂傷痛的愛情歷史，早已變成不外如是的經歷，我還得感謝，若不是因為它，讓我經歷過，超越了，我還停留在起點上心亂如麻，自怨自艾。因為錯愛過，讓我更願意無條件地、理智地付出，更體味到愛的力量。而在面對眾多感情治療的個案時，我更積極和用心，體會拯救情傷的入口應該在哪裡。

我回覆讀者來信的速度常常嚇倒讀者。很多時候，時間允許的話我會在工作過程中馬上覆信，讓人安心。我很快回覆，是因為我知道等待的滋味，像守候不羈愛人的電話一樣難耐，時間漫長得容易令人絕望。很多讀者本來已經心煩死了，絕望之餘，把困擾寫給我，能馬上得到回覆，總是寬心的感覺。雖然事情並不能馬上得到解決，但起碼，他們不再感到孤獨，原來在遠方有個陌生人會無條件關心自己，挽回自己對生命和愛的一點信心和希望。他們原來不是一個人。

當然，現在因為來信超級多，已遠遠超出我能馬上逐一回覆的能力。雖然有很多讀者表示理解和感謝，但還是會遇到因為我願意付出而不顧我死活的「消費」者，死命抓住我快透支盡的精力，限時要求我馬上回覆，不然便表示是我負了他們，順理成章地把自己當成被離棄的受害者。曾經有位讀者死命地要我回答她無數的問題，答案不是她預期的話，便罵我不了解她，害她更痛苦，事後又道歉，怕我真的不理她，然後又再重複那些迫害，沒完沒了。我從沒有放棄她，是她放棄自己，活在自閉和拒絕面對自己的死穴裡，怨生命，怨別人，怨自己，卻只能剝削願意理會她的人的愛。無法容人，哪能容己？害怕孤獨是可憐的，可第一個遺棄她的原是她自己。

你付出多少，便收回多少感動，生命才真正發亮。生命的答案，在生命本身，而非自我膨脹的封閉裡。

人就是愛扮演受害者的角色，傷害自己，索求憐憫。自己活得不好，與天地無關。

採訪我的記者問可有食療治療愛情的傷口，我只能說沒有。傷害永遠是自己給的，不能推給誰。記者的眼裡有淚光了。坦白說，那次採訪，也是為了剛失戀的她。

我們安心穿上受害者的衣裳，便永遠看不到愛的赤裸。

愛，是容不下傷害和受傷的。因為，愛的胸襟比我們想像的還要寬大博遠。

是我們眼淺不願意承擔，太容易依賴，推卸該由自己肩負的責任，心裡不夠平靜，不能獨處，所以才有受害的依賴和需求。天，我們竟然需求受害，滿足自己弱者的心理，到底是什麼病態？

讓不屬於自己的愛情穿透自己離開，像一道光一樣逍遙。要感謝對方給自己成長的機會，沒有他便沒機會看到自己的盲點和執著，過了這一關生命便會提升，比以前愛得更扎實，更帶光亮。

愛若沒有讓生命得到提升，便是白愛了。

一個人，不要怕

——存在是孤獨的，不要害怕一個人。——

兩個人的感情可以多麼脆弱。幾經甜蜜，卻抵不住一次殘忍傷害，或者某方一次心野。結果同床異夢，互相折磨，愛變成恨，又或者，異床同夢，有緣無分，生無可戀，卻不忍心放手。

因為害怕孤獨，希望兩個人相愛和依賴，卻奢侈地要求把自己理想中的對方實現出來，將你變成我。對方一旦不變，怕雙方容易感情麻木；對方變了，又怕他貪新忘舊，關係最終失守。變與不變，都教人害怕。

更害怕的是，對方變了，卻拒絕接受，還是寧願互相折磨困獸鬥，也不願意一個人過日子，放他走。原來，習慣了兩個人，無法「變回」一個人。

我們都忘記了，人從來就是一個人出生，一個人離去。只能生我的生，死我的死。

客戶G把眼睛瞪得很大，皺著眉頭要把心火擠出來：「他走了，剩下我一個人，怎麼可以一句話也不留便離開？好歹也跟我說一聲才走啊！我每晚等他回來，有很多話想和他說。他就連夢也不給我報一回，太過份了，有沒有顧及我的感受呀？」

G的丈夫剛意外去世了，留下她一人獨憔悴，愁困得發瘋，歇斯底里地要借亡夫和命運攤牌。我看到她臉上有某種隱藏的焰火。原來，面前年輕美麗的G，最承受不了的不是丈夫的枉死，而是她經年無法解開的感情鬱結。不用她說，我卻看穿了，那才是她放不下他的真相。

我問：「他是你一生最愛的男人嗎？」

「不！」居然答得很爽快。

「那你們為什麼結婚？」

「因為我當時以為他會是個專一的好老公，誰知他背叛了我，有第三者，他居然就這樣先走了。也許即使不發生意外，我們最終還是會離婚的。但結局總不應該是這樣啊。」

結局哪有應該不應該？結局從來不談道德的，大家最好知道。

想起奇斯洛夫斯基（Kieslowski）的電影《藍》。

因為不甘心，還未打開心結把恨怨釋放，他便撒手塵寰，害她承擔永遠對生者才有意義的永恆懷念和怨懟。獨自承擔別人的錯，心病未解脫，巴不得要把死人抓回來交代好方准離去。這樣想，難怪比死更孤獨。「剩下我一個人，怎麼辦？死了，真的不能回來嗎？」她還不忿地問。

你是有答案的。

剩下一個人，才有餘地狠狠面對自己的盲點。人已離去，生者還害怕面對渺小又自大的自己嗎？

放過別人，同樣是放過自己，這是感情放生的道理。

看到別人解脫了，才看到自己的困局。一個人時，該有特別清澄的心眼，看透自身的局。

存在是孤獨的，不要害怕一個人，這是生命給我們的純粹啟迪，不帶任何高遠艱深的意義。和自己修補關係，學習寬容，懂得尊重彼此的自由的話，兩個人和一個人，並沒有太大分別，而一個人比兩個人也可以更好過。你相信了，會好過一點，明白自足的幸福。

人最大的心結，是只看到別人的錯，認同自己是受害者、不幸的可憐人，卻看不透，

受害者往往是自害的，借別人的存在加害自己，

胡思亂想活壞了關係，不知所謂。能不能認真一點對待愛？把自我稍稍放下，自愛多一點？自愛的人不容自己活在自憐和受傷的陰影裡，那是懦弱的表現。要分得清楚愛與害原本只差一線。對親人如是，愛侶如是，面對自我更如是。當你還是你、我還是我的時候，才懂得尊重和相愛，大家一起走一段關懷的路，是緣分的禮物，要感謝還來不及。

不害怕孤獨時，一個人和兩個人，女人和男人，溫柔和暴力，忠貞和背叛，愛和恨，已經毋須再二分了。

你比你想像中堅強

未曾孤獨過，挨不過孤獨的人，永遠不知愛的滋味。

每個人需要堅強的時候，都是最孤獨的時候。譬如，愛人不在了。又譬如，情已逝了。

人大抵都害怕孤獨，但有些人則寧願孤獨，因為不然的話，代價會太大，比自己能承擔的還要大。譬如，和所愛的人相處。

愛一個人，並不一定意味著有幸可以和對方從容快樂地過活。和愛人相處，比和陌生人相處更難，壓力來自如何在愛人面前保持最佳狀態，不要暴露醜態，隱藏那最不想讓對方看到的一面。矛盾的卻是，那恰好是最需要對方包容的一面，不然，不可能互相包容，不可能真正相愛。

我們愛上別人，就是看中對方能包容連自己也無法包容的弱點，令自己變成完整的人。愛情的最大意義可能是令生命更完整，令自己更可愛。愛人如己的真正意義就在此。

我們愛，或多或少為自己，說為愛別人往往只是藉口。

當然，也有例外，也有超越的、純粹的愛。

你可有過難以忘懷的孤獨經驗：夜半噩夢醒來，屋裡死寂，一個人面對可能見鬼、見賊、見蟑螂的恐懼；或者，再可憐一點，夜半腹痛醒來，肚內抽搐的腸在告訴自己下一秒極有可能這樣死掉，愛人不在，那種感覺，就像訣別前的恐懼，瀕臨死亡的最後時刻，必須堅強，必須最堅強。這一刻的自己，不論平日有多怯懦和依賴，已經沒有選擇的餘地了，必須堅強。然後，隨著一切都會過去的時間定律，發現原來自己比想像中更堅強。過去了，脫胎換骨。嶄新的自己在鏡子面前微笑，全新的自己，這個就是真女人，已經成長，非常堅強的女人。代價很大，不過

必須渡過這一關，才真正明白什麼才是真愛，
那就是，承擔自己無條件堅持生命的愛。

人從來都是孤獨面對自己。只能學習適應、堅強，以愛包容孤寂。那就是愛。抱著全新的自己，你會更懂得愛人和付出。

未曾孤獨過，挨不過孤獨的人，永遠不知愛的滋味，有的只是依賴的味道，跟香水的作用差不多。
塗上去的東西，都不能長久。

即使擁有最美滿的愛，要面對孤獨的時候，始終還是一個人。我們需要習慣孤獨，明白孤獨的意義，懂得欣賞它的美。當堅強不再是死命撐下去，而轉換成欣賞和享受的時候，你比你想像中更堅強，充滿喜悅的愛。

學習狠心才能放下

學習愛得狠心，解開糾纏的源頭，斬斷負面意識網，反而有機會讓對方醒悟。

遇到過好幾位很有「決心」尋求治療的人，她們當中有寧死也不願放下舊愛記憶的，也有堅信自身不幸無人理解的，還有永遠不願意相信任何人包括自己的。

有些朋友和讀者憂心忡忡地求我幫助身邊很需要幫助的人解困，因為他們很執著，不信人，可是卻很痛苦，已經走投無路了。通常是那句話：「現在只有你才能幫到他啊。」

不，事實並不一定是這樣的。他們很痛苦是真的，他們需要、寧願痛苦也是真的，這是他們的盲點。他們需要幫助其實只是旁人的一廂情願，他們真正希望的是吞噬別人的能量，助長自虐，縱容一個痛苦的自己。所以，他們擁有特別值得可憐的氣質，叫你不忍心丟下他不理。「好可憐啊，他理應擁有更好的命運，理應活得更好，理應有愛他的人在身邊。」

也許他是應該活得更好的，問題是，他卻選擇了活得痛苦，叫人憐憫。

負面意識很快便產生連鎖反應，感染他們身邊緊張和關懷他們的人，成功地令全世界陪自己悲傷。一個人苦，不及多個人一起無助地為自己苦更悲情和壯烈。

他們誰都需要你，起碼他們認為如此。當你也認為如此時，萬劫不復的孽緣便會糾纏下去。有慈悲之心助人渡過苦難是難得的，但沒有能力幫忙，或者緣分未到只能一廂情願時，得要警覺不能因愛之名盲目幫助，不然，反而助長了自我，以為「世上只剩下我願意幫他，有能力幫他」。這種癡纏的關係，尤其容易發生在情侶、摯友、親人甚至治療師身上，結果，瓜葛糾纏轉眼又一世，誰都沒有過好。

我們永遠不能背負別人的生命，每個人都只能走自己的路，向前或後退，自己選擇。所謂孤獨，就是這個意思。

偶然找人慰藉或者慰藉他人並不壞，互相依靠走一段，緣來緣去，人生不過如此。深情也好，淡薄也好，路總會走完，不能太執著。

修行讓我懂得帶著定力治療的重要，面對眾多受療者的執著時，我更看到它跟心靈豁達平靜之間的距離。在這段距離中，我參悟了一點點，尤其在我太投入而傷身後，更加明白治療和愛都不是單向付出，治療者的自我必須消失掉，借天地宇宙的智慧和力量，帶對方融入宇宙的力量中，在那裡一起轉換能量，那麼，我不再因有「我」而勞損，他不再有「他」去接收，才真正有機會自療和自癒。

這也是讓愛成長的重要一課，也是心性治療必須具備的條件：學懂如何借天地的力量，發放更大的愛。

對於寧願停留在傷痛中，又要依賴吸蝕別人能量的人，真正幫助他們的，大抵只有無為：把他們交給更包容的宇宙。

宇宙容得下他們的存在，自有包容他們的智慧，犯不著我們過份焦急，製造緊張的氛圍，傳染負面氣場。最終影響的，卻是很多人的集體情緒和潛意識。

最大的治療力量就是愛，而愛可以有很多導向和張力。對於那些無法被救治、

一味享受病痛的人而言，我們只能默默為他們祈禱。你們身邊假如有這樣無法自拔的人，請不要太著緊，要把負面意識分散，把他們交給天地，讓自己造化，便是最大的幫助了。不要責怪自己沒用幫不上。

學習愛得狠心，解開糾纏的源頭，斬斷負面意識網，反而有機會讓對方醒悟，起碼第一個醒悟的是你自己。

為更大的愛狠心，這是愛中最弔詭也最難學懂的一課。

你有真正付出過嗎

付出的重點不在付出了什麼，而為呈現自己的價值觀。

很多人窮盡一生尋找治療，卻老是失敗，可能是找錯了方法，並非病無可醫，我希望這些人不要放棄。可有些失敗的原因卻是自欺欺人。

譬如，有位受療者說很想看穿自己的心，在兩個男友中選擇一個。見面前卻不斷跟我講價：能不能給我打折？我要她給我一個理由，她說我們都是同一所大學畢業的，算是學姐學妹關係啊！她卻是高薪專業人士，沒有家庭負擔。見面時發現她最大的問題不是看不透哪個男人最適合她，而是非常計較，不想付出。她說：「我為兩段關係付出了很多，天天哭得很痛苦。」其實，痛苦正是因為她知道必須付出，選哪個都有損失。其後她叫我推薦她見占星治療師。後來治療師告訴我，她跟她談了一個小時也不肯付錢。因為算計，一年多後的今天，她還沒有把我借給她治失眠的水晶還給我，大概覺得錢已付了，據為己有也合理，不理會她剝削了其他受療者使用的同等權利，像貪心的人到廁所、飯館取走廁紙和多拿

餐巾紙一樣。

另一位客戶的表面問題是不甘心男友不忠於她，我發現她最大的盲點是懷恨，痛恨她的母親和童年時的遭遇，覺得自己很慘，得不到愛。她有很多病痛。我要她先處理兩件事：一是依我教她的特別方法原諒母親，二是做一個恢復丹田能量的簡單練習。她不願意，固執地認為目前的問題不應從母親那段開始，說：「我不是耶穌，不能寬恕所有人。」又說不想做那個練習是因為不知所謂，不想接受有些心理病必須先從生理治療，找到開啟心胸的方法。她卻只想讓我肯定她男友不忠，合理化她想報復的慾望，讓她行兇行得心安理得。其實她害怕面對自己最核心的問題，根本不想被治療，一句「你幫不到我」，選擇繼續痛苦下去，製造找過治療師、付出過還是幫不上的末路命運。

有很多人甚至以為付了錢便是肯付出，努力過，像到廟宇添了香油錢便以為神要對他的獻金負責任庇佑他一樣。這是計算的付出，並不誠實。同樣地，很多人連付出也不願意，利用親友、愛人、治療者的愛心不斷消費、剝削他們，然後拋下一句：「你不是應該不求回報地做善事的嗎？」理直氣壯地要求免費午餐。剝削你然後還覺得你貪心求回報很虛偽。

你也像他們一樣嗎？

我想告訴你，付出的重點不在付出了什麼，而在呈現自己的價值觀。原來錢比愛重要，比健康重要，比感情重要。生無可戀的人，寧願花錢買醉到酒吧揮霍，也不願意為治療付出一分錢，可捫心自問，其實你根本不想治療，那就是你給自己的最後答案。

付出的條件是誠實、尊重和信念，對自己，對別人。當然也要智慧，找合適的人治療自己，別胡亂花錢浪費時間買回失敗經驗。

無法幫上的個案，我會把治療費捐給慈善機構。曾經一位客戶知道了，竟說：「那是你的事，與我無關。」她痛恨生命，見完我才老實說其實她並不想治療，只為圓了見我的心願。付了錢買心安，確定她沒得救，卻不知浪費了人家最寶貴的愛和時間。那是用錢買不到的。

懂得真心付出和感謝的人原來很少，難怪人活得那麼痛苦，老是病下去。

治療原是自我修行

世上沒有誰真正欠誰，有的，也只是自己欠了自己不自愛的債。

每天，我收到很多讀者、朋友推薦的個案，要求我替她／他們治療感情或性愛的創傷。

大家的情緒都不好，感情像被穿了一個小黑洞，不能自處。

有人問：可以替我催眠，忘記移情別戀的男朋友嗎？

唉，催眠不是忘記的方式。

又有人問：我找不到女朋友，你能提升我的自信，教我怎樣應付心口不一的女人嗎？

唉，男人不是為應付女人而活的。

更有人問：前世治療有用嗎？我想試試，看現在的戀人是否是前世註定的那位。

唉，前生從來是前生的事，今生只能活今生。

問他們到底愛不愛對方，一般都很猶豫，也許愛，也許不再愛；問恨不恨，卻能決絕兼咬牙切齒地回答：我恨死他。然後，怨天尤人。

是誰欠了誰，誰累了誰？人生自是有情癡，此恨不關風與月。盲目地一頭栽進去，委了身，委了心，出岔子，不能自拔，怪得了誰？自製的愛情宿命，與天地無關。「我不想這樣的，就是沒法子。」

這是我作為治療師多年來體味到的最心痛的現實。

S在電話裡驚訝地對我說：「我們不相識，為什麼你能一語道破我的盲點，肯關心我，對我這麼好？你真相信有愛嗎？」我平靜地答：「若愛不存在，那我在此跟你說話是為了什麼呢？」

對於真正不能負擔治療費的，我會免費治療；或者時緣未到的受療者，我願意通過電郵予以解困和安慰的關愛。因為這樣，他們感到更費解：為什麼連一個陌生人也無條件對我好，身邊的愛人卻不懂愛？

問題在於你把愛偏執了，不懂愛的，還有你自己。

治療不是我的事業，是我體味和學習尊重生命的門檻。我一頭探進去，和迷失的人一起尋找通往愛的一道光，和愛壞了的人在一起，和他們走一段，我學到的比丟失的更多。

治療原是自我修行。尋求治療，也是修行的一步，並不只在於解決問題。治療若只停留在借助他力改變自己或命運的話，最終也是不徹底的。問題出現了，本來就是我們跟自己的關係搞得不好，借助如愛情一樣細膩和複雜多變的感情狀態虐待自己，折磨別人，換來比存在更立體的所謂痛，不過是遊戲一場。

要治療，必須首先和自己修和，自愛。

世上沒有誰真正欠誰，有的，也只是自己欠了自己不自愛的債。

我也曾替小孩和家長治療情緒問題，看到的比想像的更慘不忍睹。那天，和喜歡孩子的玩具設計師H吃飯，他問我現在的孩子到底欠缺了什麼，我毫不猶豫地答：愛，和付出。不是因為他們天生有問題令他們不好教，而是這個世代失落了愛的方向和動力。大家也許遇到過不少在街上當眾罵孩子的家長，以物質補償未能給孩子親密溫度的父母，連自己也不懂得如何去愛。我有很多受療者，想把自己的問題向外推時，往往首先自我狡辯，博取同情，耿耿於懷地說：我的童年不快樂，假如當初父母不是那樣對我的話，現在的我便不會這樣了。

這是理由還是藉口？是承擔還是推卸？

童年陰影，不是現在活壞關係、拒絕承擔自己的藉口。

能不能先純粹地付出，然後不再問為何，不再怨天尤人？愛，就是這種不問為何的心性狀態。能夠不欠不借地純粹付出嗎？

愛一直存在，在乎你肯相信，和活出來。

你寧願迷失還是清醒

清醒和迷失其實一線之差，重點是反思和張看的智慧。

最近有幾個男女朋友找我替他們解困，最後，都不約而同地慨嘆：素黑，你太清醒了，會不會很辛苦？

好問題。有趣的是，我每天收到大部分的電郵，卻是另一個版本的慨嘆：素黑，我很迷失，好辛苦。

原來清醒和迷失都令人感到辛苦。能如何解脫呢？

收到一個讀者的來信，說很多人迷失放棄時，最需要一股很強的愛的能量打動他們，提起他們向上的心。那，愛就是答案嗎？我只能說，這是最理想也最危險的。

愛是很好的藥，但它不可能是依賴性的外力。每個失戀的人都希望重新得到愛情，以為就是治療的出口。或者，跌倒的人最想身邊有不離不棄的摯愛或親人，甚至遇上上帝震撼他們，給他們精神上的支持。也許真的很理想，不過也是最大的陷阱：當他們自我放棄，一心尋求依賴時，身邊出現多少人或神去愛他們也是徒然的，甚至縱容他們，被利用作為自虐和依賴的工具，努力製造受害者的角色以博取同情，耗盡別人和自己的能量，最後大家都很累想放棄。這時除了各自自愛外，沒有其他愛的可能。

保持清醒也需要很大的意志和能量。不是每個人都能每一刻不犯錯誤、保持清醒的。佛也有火，聖人也有錯，天才也有低智的時候。

不要太介意自己曾經糊塗，做過很愚蠢的事。

我可以告訴你，我見過天下最清醒最聰明的人，他們大部分時間都在做愚蠢得沒得救的事，像做開口夢張牙舞爪，忘了把舌頭收回口裡繼續沉睡的貓一樣，醒來時還洋洋得意不知失禮過。

當然，其相反也一樣。

迷失是必然的，卻不是反智或自我放棄的藉口。

迷失只是執著的別名。可惜有時我們為了面子，面對自己的錯亂時，無法接受和包容，卻先啟動了心理自衛機制，為了掩飾或逃避，查找人家的不足，把自己放在有利的位置，以為自己很清醒。這樣的我們只會退步。肯承認和面對錯誤，積極改善或者補救的，才是贏家，才是真正有智慧的人。

清醒和迷失其實一線之差，重點是反思和張看的智慧。自我是智慧的盲點。最聰明的人也不等於擁有智慧。

清醒很孤獨，迷失很不安。你寧願迷失還是清醒？這是假抉擇，兩者都是執著的想法。

面對執著想怨恨某人時（當然包括我們自己），可以想像這個解脫的方法：

把人看作是一道光，學習不再執著某個人（包括自己）的過去和形體，把他看作一道光，嘗試愛那光的溫暖和光亮。他和她，你和我，不再有高低、外表和回憶的執著，周邊的人都是不同的光源，不需要有過去，那你還可以執著什麼？

這是可行的，因為，我們的思維一直讓我們習慣去執著一個人，卻未曾執著光。那為什麼要是光？其實什麼都可以，光只是其中一個選擇而已，因為光有溫度，容易讓人舒服，感到被愛，被照顧。這也是在愛中修行的小方法。當然，最後我們同樣容易執著愛上某道光，到那時候也得觀照和放下，把自己也變成一道光，不再執著形體和存在了。

大海裡的水滴，光明中的顏色，空氣中的氣流，漫天裡的風雪，宇宙中的自己，極目張看，讓孤獨走向無限。

生命有何意義

——不要說得不到愛，能活著已是愛。——

出走一個星期，到雲南一趟，是很多內地的編輯朋友建議我去的地方，那個有八百年歷史的古城麗江。最不像樣的旅遊：整天在客棧睡，在古城的小巷迷路，戲弄貓兒，在山上坐上大半天曬太陽，感受光的微暖，到公園聽納西古樂演奏，餵不大懂和世俗人類交往的鯉魚，這樣又是大半天。直到離開前兩天，才突然醒覺不如到雪山走走。就這樣把帶去的所有衣服都穿上，包了朋友房東開的車，一路爬到海拔三千八的山峰，一路聽她為小兒的腦瘤堅強尋醫的辛酸史。匆匆半天，回程到她鄉下的家看兒子。快三歲了，頭上開過刀的疤痕，腿還不懂走路，可意志還強，嚷著要學小朋友一樣走。每天都是賺回來的小生命，每天都準備好送走兒子的家人，到底是什麼支撐著他們嘴邊依然掛著微笑？

回港查電郵，一位中年男子問我生命有何意義。他年前喪偶，父母老來離異，自己失業多時，感到人活著不知為何。問我所謂自療豈不等於阿Q式的自我安慰？

我回他，生命真的不知所謂，根本沒有意義，有的只是理性一廂情願搞出來的概念。可是，生命讓我們深刻地感受過愛，那份愛的感動也沒有意義，卻叫人活得下去，我們還強求什麼？因為還能為愛流淚，我們不枉此生。

晚上媽媽來電，說週末要和爸爸去旅行。十一月，是他們結婚四十周年的紀念。他們又喜又悲的四十年是怎樣的一段歷史？甘苦自知，還覺得值得留戀，在一起，相依走完下半生，總是不容易的緣分，箇中點滴旁人無法明白。母親的聲音帶著自豪的幸福，儘管每天都為爸爸無言付出。四十年堅持的愛，不再執著是非對錯，是年輕人未能企及的寬容。當時我端著愛人出門前為患病的我細心煮好的稀飯，邊吃邊感動。啊，我們的愛，我們的生命，還沒經歷夠，還相當膚淺。

電視正在播著紀錄片《黃金歲月Ⅲ》，八十三歲的沖繩伯伯，四十年的婚姻，每天笑口常開，像孩子一樣被太太照顧著。堅持參加運動會，希望九十歲時能健健康康參加最後一次，然後健健康康地離開世界。他說要感謝所有東西，世上所有的人，一花一草，每天都在支持他的生命，要向全世界說感謝才離開。我感動到無法下嚥滿臉淚。

經歷就是愛的厚度和層次，毋須任何意義。

不要計較能擁有多久，付出、感受、感謝，已經足夠，還問生命為何幹嗎，你我都知道答案不在問題裡。麗江男孩和家人、中年男讀者、我的雙親、沖繩伯伯、我自己……誰都只能經歷自己的生命，自己走完它。

生命是被很多無名的存在默默支持著，不要說得不到愛，能活著已是愛。

我們慶幸活到現在，連感謝都來不及，只要我們知足……

沒經歷過的，無資格怨命，經歷過後，不要回頭。

走下去，就是了。

生命從頭再來好嗎

原來想與不想，世界都沒有改變，動的只是我們的心。

有位年輕學生對我說：「我找不到人生的意義，不知活著為何，將來不知如何。每天都像等死一般……像世上只有兩種人，一種是死人，另一種是等死的人。我對一切都好像不感興趣。如何才能有能量，自愛？

有時恨不得人生可再來一次，但有可能和心中所想的一樣美好嗎？人生只會再次沒有意義，再次等死。那些所謂的絕症患者、傷殘人士，人家說什麼在他們身上看到生命的光輝，我看只不過是像野狗一般活下去。哈，我不也是像野狗一般活著，為了有家可住，有飯可吃！你的人生意義又是什麼？」

我小時候也經常想這些問題，很厭世，覺得整個世界都不對勁，生命沒有意義，活得很痛苦。哈，願意這樣想下去的話，可以想一世，直至死為止，有輪迴的話，甚至帶到下一世，很無聊吧。有趣的是，想其他東西的話，世界還是一樣，可心態不同了。

原來想與不想，世界都沒有改變，動的只是我們的心。每個人的內心都擁有獨一無二的世界，那裡開花已經足夠，這樣的話，活著總是有點意思的。

活得不如意，問題不全因外在世界，還在於你自己還未開花，卻抱怨看不到花，自討苦吃。

負面看世界消耗了我們很多能量，所以我們活累了。重新增強自愛能量要有步驟、有信心和耐性，但在成功以前，最起碼應學習避免能量再度流失。不去多管外面，把能量集中在自己的內心，平和地看它開花，這樣，心眼自會湧現愛。

生命的意義有很多，也可以一無所有，一切，由心決定，你不是跟它做朋友，就是跟它過不去。心態是你可以選擇的。生命是否有價值，你是否平靜快樂，關鍵就在此。

執著才是吃掉能量的敵人。

我常常問受療者一個現實的問題：你希望未來三十年怎麼過？再原原本本重複一次已活過的經驗，你願意嗎？誰都搖頭說不。大家都知重複不好，偏偏當下每一刻，我們都在重複前一刻的自己，怕改變，怕失去，怕重頭再來好辛苦。重複不好，重頭再來又嫌乏力，瞧，你到底想怎樣？

重複是生命中不能承受的沉重，過去是執著的燃料。

生命有意義嗎？有很好，但找不到意義也沒什麼大不了。路邊的野花不需要生命意義，卻活得比我們簡單、自在和美麗，叫人看了心曠神怡。你說，它們的生命有意義嗎？

有些東西可以問，有些問題最好不要太執著，因為問了反而更沉重更糊塗。這是思維的弔詭。智者和白癡，原差一線。

哲學家尼采曾問過一個問題：假如你的經歷是喜是悲將無緣由地永恆回歸，一式一樣地重現，你會被嚇倒還是欣然接受？假如你視當下就是永恆，那麼回歸便不再沉重。這是對生命最高的肯定，甚至毋須承擔。也就是說，讓每刻完成自己，像野花一樣，還原生命最原本的狀態。肯定當下是從容，承擔生命是費力。區別大抵就是這樣。

我不管人生有何意義，只願有勇氣和平靜的心放下自我，向生命的永恆回歸說 why not。

你信命嗎

命運順應我們給它發出的情緒信號，其實也是我們的潛意識。

一星期內接二連三被朋友問同樣的問題：你相信命運嗎？

老實說，我不知如何回答。年紀很小的時候，常常被人問到類似的問題：你相信緣分嗎？結果，啞口無言，不明白他們到底在問什麼。我知道我相信一些超越性的價值，譬如愛。有些東西不只放在相信的層面，還可以靠爭取得來，如平等和自由，可愛卻不是那種東西，所以不能爭取，只能相信和觀照，希望提升自己，抓住它，活現於生命中。至於緣分，既不是價值性的，因為我們很難說緣分是好是壞；也不是靠爭取便可得來的，甚至沒有人可以搞清楚它到底是什麼東西。也許我應該相信緣分，但我搞不懂相信它和不相信它到底有什麼分別，起碼它不應妨礙我相信其他更有價值的東西。

命運也一樣吧。

我只感到命運的存在，感受到它的力量，它卻不是我需要刻意追求，或者要爭取了解的東西，因此也談不上需要超越它、拒絕它、改善它，當我根本不知道它出現的目的到底是什麼的時候。

我只相信可以提升的東西，其他的我會聆聽，靜心觀照它們的造訪。宇宙那麼大，陌生者那麼多，就如每遇上一個陌路人，總有和他曾經有過或將會產生微妙關係的可能性，不在今生，也可能在前世。好好向他微笑，或者，互相尊重彼此的自由，擦身而過，就是這樣吧。

就如我面對命運一樣，只能聆聽，它有它的聲音。

不是凡事都需要被掌握才可以活得過去的。

不能理解和控制的，都有它們的目的和意義，只是不在我們的理解和掌握範圍內而已。它們也許有正面的貢獻，像很多人和事都在我們身邊不斷默默地出現或發生，可能正在潤澤我們的生活，只是我們都沒察覺而無知地享受著。這樣看的話，對了解所謂命運的真相沒有什麼幫助，卻可以平靜內心，讓我們好過一點，假如，我們對命運實在太執著了的話。

可以改變，不能改變，都只是一種態度。命運不用這套邏輯運作。

命運作弄人嗎？也許是的。命運眷顧人嗎？也有不少例子。它到底是什麼？為什麼人人都害怕命運？際遇不好，愛情碰礁，條件不好，於是我們怨命。走運的時候，人人卻忘記感謝命運。命運就像神一樣，或者更像藥物多一點，需要它時服用，不需要時可以丟下不理，像我們面對健康的態度一樣，有病時才醒覺它的存在和可貴。

安樂的人忘記神，熱戀的人不怨命，際遇好的人壯大自我，都不迷信宿命。迷信宿命的人要不是鬱鬱不得意，就是想壞腦袋的哲學家。都與命運無關。

認識的很多朋友和受療者，都找高人算過流年、紫微或塔羅，富有一點的會去找鐵板神算或所謂世外高人問卜看命運。結果呢？眾多傳說，更多迷執。誰都守在原地，沒有多走一步。因為他們「相信」了命運，臣服於它，卻不敢多走一步，沒有與命運同行。

我看命運，就如同行者一樣，也跟順勢療法（Homeopathy）差不多。不是它真實如是，只是我願意這樣看待它。

命運順應我們給它發出的情緒信號，是負面的話它便給你更多負面的際遇，是正面的話它會給你更多正面的力量，

當然，它也有它獨特的溝通方式，有時會讓人吃不消，有時又會叫人感動。命運像神一樣，其實也是我們的潛意識。不用挑戰它，不用背負它，不要和它作對，和它一起走便是了，像自然的呼吸一樣，讓互動能量轉換和交流，這也是所謂「信、望、愛」的最大力量。我們沒有主宰命運的需要，和它好好溝通，達命，便心安理得，甚至再進一步。

這是態度，不是真理。

我們承擔得起嗎

——不再執著承擔，才能真正面對。——

人生一大痛苦，莫如選擇迷信過去。

那天，和專程從臺灣來接受催眠的K見面，他說：第一眼看到你便覺得很面善，總覺得在哪裡見過。我們應該沒有機會在以前碰過面，他說：大抵我們前生有過緣。

類似的對白，不少初相識的朋友和受療者都這樣跟我說過。這也許是前世淵源，也許是一廂情願造就的「記憶」。相逢何必曾相識，在有緣的當下好好走一段便是了。

緣分，不過如此。

隱居短暫出走前，我拿新買的、用了不足一星期的筆記本給我那可愛的「御用」電腦顧問檢查，果然驗出中了電腦病毒，我笑說大抵像它的主人。顧問笑我：「早知會感染病毒，一開始便應拿給我弄好才用便沒事啦！」

啊，有道理。若我們每做一件事前都能看透前因後果又能過得去的話，大抵不會再難過。看透與否並不重要，真正有問題的，卻是當我們需要承擔後果時，魯莽地回去執著前因，把責任推到那段大抵已記不起的歷史（或者應說是現在努力製造的想像），慨嘆早知今日，何必當初……

當初沒有先見之明，事後也毋須把病因放回從前。可以解釋，未必就能解決。如吃錯東西生了病，總不能幼稚地以為把吃下的吐出來還原病前的純真便了事。過去（所謂因）經歷過轉化，演變成現在（所謂果），所謂的因已不再純粹了。

這就是所謂業，不斷繁衍變種的業。

又譬如，前世。

前世治療有很多經典傳奇的例子，主流的療法是靠回溯前生記憶梳理積壓於今世的業障。不過，不是任何人都能準備好身心面對前世的，也就是說，並不是

回到我們相信的病源便得以解脫。很多人要我替他們做前世治療，可是他們定力還不夠。連今世的問題也想逃避，無能力承擔和面對，哪能通過了解過去明白現在的能力，承擔過往幾千萬世未解決的業障呢？前世業障並不是我們可以理解和輕易接受的。

有一些受療者和愛人的姻緣並不樂觀，以為返回前世看彼此的往生關係，便能看到哪裡出事了，希望在今世彌補。真的這麼簡單嗎？我只能說，假如發現他前世被你殺死了，所以今世你有報應要為他受苦，你知道「事實」後能承擔得起嗎？會馬上開悟，放下執著，還是終於找到不能放手的上佳藉口，安心繼續糾纏命定的業障呢？其實你很清楚，即使看到前世關係是什麼，今世這段關係還是捨不得放手，怕的是今生要孤獨一個人而已。

不再執著承擔，才能真正面對。前世，是某些對生命堅守正面信念，且決心修行的人有需要時才大抵可以嘗試窺看一眼的秘密。

把逝去的變成活在當下的負擔，背負幾萬年的債，
捨不得放下今世的痛苦，可憐只是借前世怨今朝的
虛弱，最後我們到底明白了什麼？

沒料到，修電腦時身旁美麗的D告訴我，她曾在學習靈氣（reiki）治療時揭開了自己的前世，被那強大的業力搗壞了情緒和信念，竟是活了這麼久也無法承擔的沉重，很難才從那段危險和無助的經歷中翻身過來回看當下。

啊，有時候，我們貪婪地要看前世，或想打開超能力，甚至是設法要見道、想修行，當心縱容虛榮與慾念。自我觀照能力不足的話，可能比邪念更恐怖。問自己到底是想靈修還是想見到什麼，見那幹嗎？

法國導演盧・貝松（Luc Besson）的電影《聖女貞德》最後說得好：你只看到願意看到的，把它當成命定的旨意，以此解釋一切，最終成全的不過是一個自己罷了！

而這個自己，永遠不過是當下思想的迷執，與真理、前世、歷史、神和愛無關。聖女最後被燒死，到底是選擇神聖承擔的壯美（sublime），還是追求自焚犧牲的快感？

前世、今生，哪個才是病源？我們最好追尋看透的智慧。

你靠近了什麼能量

面對自己的問題，我們只能積極，依靠自己，懷著感謝借助比自己更強的能量。

平生最討厭電腦，天生敏銳的超覺感應告訴我那家伙的波場跟我的不相配。偏偏，我每天依靠電腦寫作，回很多讀者的負面電郵，跟不同地方的編輯即時通信。我其實有電郵恐懼症，明白我的朋友都不會用電郵給我再添壓力，寧願ＭＳＮ、ＱＱ上重點交往，廢話少說。來自各地的讀者要求聊天的，真抱歉，我實在無法應付。

電腦、網絡、手提電話等通訊科技表面上拉近了人的距離，可同時複製了龐大的能量交流。啊，不要輕視這些交流，很多情緒上的突然波動，如無故不安、憂慮、壓迫感的精神狀態，不少都受它影響。我們以為靠近了人緣關係，實際卻是靠近了電波而已。意識是負面的話，接收者便無形地吸入，電訊波場的霸氣甚至將之倍增。所以，一瞬間我們可陷入一種壓倒性的情緒狀態，如迷信、悲傷、憂慮、緊張……造就集體潛意識的交叉感染。我們在享受當代一呼百應的偉大電腦科技的同時，也要付出很大的精神代價。

而我每天無條件接收情緒差到極點的讀者的負面信件，細心閱讀，耐心回應，沒有非常強大的能量根本不能承擔，可多年被積累的集體負面意識入侵，我的意志有多強，血肉身軀也不敵，心神受損不輕。久經勞損，頸肩已快變成石頭了。物理治療師說要趁肌肉還未纖維化前好好照顧自己，不然……

每次去物理治療中心感覺都很好，那裡有股很正面的能量，催人自愛。醫生用心，我的背肌鬆了，醫生比我笑得更燦爛。替我做超聲波和按摩的護士自謙地說：「工作雖然很緊張，但從病人身上學到很多，每天返工很開心，能這樣做到退休是我的夢呢！」

這種話，你自問敢說出口嗎？護士是有福的，不是她無知或走運，而是她懂得愛、知足和感謝。

治療別人的傷，需要的愛不比技術少。因為醫生的正面能量，我願意更積極地配合治療，主動學習經絡、穴位的知識，尋找自己的問題核心。

沒有人比自己更了解自己的過去和現在，

研究過，才明白哪處的痛跟哪條經絡、哪個穴位有一脈相承、絲絲入扣的關係。頸痛原來可以跟心和膽有關，因為用神過度，經常瞬間做決斷，又經常坐著用電腦，血氣不通，結果膽和心過度負荷，通過肌肉向我抗議。

找到問題，試著從核心治療，是自愛的入口。

自行練習太極易筋經，減少回覆電郵的時間，只能這樣。

面對自己的問題，我們只能積極，依靠自己，懷著感謝借助比自己更強的能量。這樣，人和自己、和別人，可以建立正面的關係，感染愛。

認識很多電腦專業的朋友，他們和電腦像在談戀愛一樣感情很好，沒有被它的負面影響；不上心地運用，也不會被影響很深。可臨床經驗告訴我，情緒不穩、自我中心的讀者和受療者，喜歡靠近和依賴電腦網路成全自我，傳染負面病毒，散播集體情緒病，用壞了科技。

親愛的讀者，若我回覆你們的電郵慢了，請體諒，我已經付出了可以付出的所有。相信我，多主動愛自己，你們是能發光的，能利用電訊科技發放正面能量，感動愛。發電郵短信前，先想想信息和情緒是否正面。

想向別人借能量前，能不能真下定決心向負面說不，不要浪費別人為你分擔的愛。

這樣的電訊交流世界，我願意更靠近，不會抗拒。

但願人長久，愛生生不息。

從傷害中學習愛

遠離受傷是本能，但當心暗裡迷戀傷口，甚至自傷傷人。

我們都害怕被傷害。

想到童年時如何如何被傷害過，帶著陰影成長，好不容易活到今天，便經常告訴自己，以往被傷害過的，不願再重逢。於是，我們追尋愛情，以為在愛中會得到最大的保護。可是曾經被傷害的記憶，不幸地變成日後根深蒂固的惡習，在潛意識裡重複那最大的傷痕。

最恨爸爸的暴力，你對戀人卻越來越兇；最恨媽媽的尖酸刻薄和多疑性格，你卻活得越來越像她；最恨舊愛的狠心，你卻剝削一廂情願愛你的癡情伴侶……

成長是充滿傷害的過程，固然有太多負面的外在因素讓我們受傷，但歸根究底，更真實的原因是我們原來太脆弱，經不起風浪，失去抵禦傷害的免疫力。

動不動便受傷的話，讓我們失去堅強的力量，失去生命力，剩下不忍目睹、殘存頹廢的早衰的青春。我們連自己也不懂得愛護和珍惜，更莫說有能力去愛，為別人付出。難怪，我們最終死命地需要愛侶和性伴，抓緊別人的身體借貸溫暖，卻無力償還，逃避承擔。

遠離受傷是本能，但當心暗裡迷戀傷口，甚至自傷傷人。

正面地看傷害的價值吧。任何存在總有其善意的價值。善良和強壯的人，會選擇相信事情再壞也有正面的訊息：經歷過不幸，更懂得珍惜幸福和愛；被傷害過後，才知溫柔和慈悲的美麗。關鍵在覺知，超越自己的限制。

成長的意義，是從傷害中學習愛。

溫柔的力量

超越恐懼的關鍵是變得平靜和溫柔，
而不是尋找更強的力量抗衡它、否定它。

我們經常想知道怎樣才能得到真愛，怎樣才不再害怕失去。

我們渴求真愛，因為對愛信心不足，害怕得到的只不過是一場虛幻，或者忘記享受當下的真實，總覺得應有比現在更好的愛。甚至原來你已麻木不仁，感受不到愛，覺得一切只是假象。

先不要從真假對錯和過往的經驗判斷所謂真愛，因為愛不可能透過實證和道德得以定案。接通愛的方位不在思考的腦袋，而在感應和控制情感的心。

愛最大的障礙不是真假對錯、不是受盡傷害、不是無法被了解和體諒、不是真命天子出現無期，而是在投入愛的過程中，無法接受自己同時暴露的軟弱，在無常中感到無助不安，在焦慮和貪慾中難以平衡情緒，安慰存在中難以揮去的孤獨感，結果自製絕望和恐懼，失去對愛的信念。

恐懼是愛的障阻，甚至可以說是生命最大的障阻。

心緒不寧，多疑憂慮，讓腦袋混淆事實和想像，便會變成有形無形的恐懼。超越恐懼需要很大的信念，必須有很強的定力。可定力如何修成？不靠努力、知識和特技，必須先和暖自己的心，從緊張回歸輕柔，孕育溫柔的力量。

我們窮一生耗損能量去愛去付出，卻不知

定心的真正能源在心的柔軟和溫度。超越恐懼的關鍵是變得平靜和溫柔，而不是尋找更強的力量抗衡它、否定它。

溫柔讓我們修成包容、通往真愛的大道。

面對自己很艱難

能真正活在鏡子裡，面對自己，需要相當的勇氣。

有位可愛的讀者寫了個很有意思的小故事給我，重點如下：

一對爺孫在下棋。爺爺問：「為什麼小孩總是比大人快樂？」孫兒答：「很簡單。」孩子於是從口袋裡拿出一面鏡子和一塊玻璃，說：「這便是答案了。」

爺爺不明白，孫兒問：「鏡子和玻璃的分別是什麼？」

爺爺答：「鏡子比玻璃多了一層水銀。」

孫兒答：「玻璃是透明的，它便是小孩子的心，看到還有別人的存在，懂得去理會身邊的人和事；鏡子是大人的心，原本透明的鏡子被塗上厚厚的水銀，所以大人只看到自己，關心的也只有自己。一個自私的人又怎會快樂呢？將軍，你沒棋了。」

比喻寫得很好，不過我笑她筆下的孩子已不太像現實中的孩子了，因為他們不少已變得目中無人，自我中心，早已變成鍍了水銀的早衰症兒童。

其實，鏡子的比喻可以更正面，更上一層樓的：

鏡子不但讓我們看到自己，同時也可以反映別人。

我們更多時候不是只看到自己，反而是看不到自己，甚至不願意看自己，因為面對自己也是負擔，所以寧願轉移目標看別人，批評別人，也活在別人的影子裡。

能真正活在鏡子裡，面對自己，需要相當的勇氣。

容己才能容人

——包容是很大的愛，必須先由包容自己開始。——

很多讀者都說很希望能像我一樣清醒，無懼面對問題。

其實我很想告訴你們，我和你們沒有什麼分別，我們都是上路的同行者，我並不比你們優越，甚至並不一定比大家清醒。

我嘗試到達的境地是平靜的內心，向負面思想說再見。大家肯放下負面的慣性思維，平定下來，便會回歸自己，回歸平靜。這是每個人都有的本能。

可是很多人還是太執著別人，讓別人介入自己的生命，打擾自己的情緒。然後埋怨別人令自己失望，讓自己白白付出了。

瞧，這是計較，難怪費心費神，最終干擾了平靜。

別介意別人令你失望。我們不是神、還是普通人的話，難免會令自己和別人失望，這是理所當然的，因為這是自我膨脹的必然結果。

你越緊張、關心和愛的人，越容易令你失望。其實我們都無法真正了解另一個人，哪怕是你最深愛、最親近的人，甚至包括我們自己。

感到失望是我們的內心不平衡，可笑的是，大部分時間對方都是無辜的，或者被你誤解了。

包容是很大的愛，必須先由包容自己開始。

己所不欲，勿施於人。

先從解放自我開始，打開心胸才能容人容己。

包容≠親近所有人

包容的智慧是，你的心胸要開放和大量，但你並不需要姑息剝削感情的人。

女客戶Y愛上一個玩弄感情、騙財騙色的男人，卻不敢放棄，怕自己看錯人，很想抽身看清楚整段關係。

她說：「以往我為了和別人做朋友，常常出錢出力付出所有的感情，結果感到很受傷害，得不償失。我很想像你常說的那樣包容別人，不分好壞，但你也說過對愛要學會決絕，遠離帶著負面意識蠶蝕別人的人。到底我應該如何面對他？不分好壞地包容？還是應該決絕一點放棄呢？」

我說包容所有人，是從心性的層面說，我們的心胸不應懷恨，因為那只會令自己變得負面，無法定心和靜心，那便無法感受愛、散發愛。但這並不等同我們須要不分好醜，盲目親近和接受所有人。

包容的智慧是，你的心胸要開放和大量，但你並不需要姑息剝削感情的人。記著，我們沒有道德責任為所有人付出，耗損自己正面的能量。

愛要量力而為，適得其所，不然便是濫發感情，慈母多敗兒，好心做壞事。

能量有限，我們在心性上不需要將人分等級，但我們需要保存自己愛的能量和素質，不要浪費，不然會反正為負，結果失去了愛，豈不很荒謬？

每個人都有過去

我們沒有承擔前世的理由，
但我們有活好今生的責任。

和K談了一個下午。他是很有活力和理想的男生，二十多歲，對尋求自我提升和人性的道理很感興趣，年紀輕輕已經歷了很多，捱過窮，努力過，靠自己一步一步創業，希望少花一點應酬時間，多見一些有意思有智慧的人，充實自己。

像很多人一樣，他有很不愉快的童年，家庭背景很複雜，父母不和，自小孤獨，不被理解，後遺症一直糾纏到現在，覺得總是無法擺脫家人對他的制肘，導致他對家有恐懼，對愛有恐懼，老是交不成女朋友，不懂如何進一步和女生相處。

「戀愛的每一步都是擔子，不容易背負。如何看破、如何解脫、如何面對，總是人生無法抽離的困局。」

很多讀者來信告訴我他們的問題，會把現在的問題追溯到童年的經歷，是那個時候不快樂，受了苦，現在還活在陰影裡，像永遠解脫不了的孽緣，想長大卻長不大，父母像永遠的壓力，叫他一生都擺脫不了。

我只能說，生命不會無中生有，你從什麼地方來，總有它的機緣。生命得來不易，無損無傷捱到你長大成人也不容易。

你的責任是感謝它，然後超越、進步，活得比上一代更好，而不是否定自己，否定孕育你成人的家。

埋怨過去只是懦弱的藉口。

每個生命都是奇蹟，每段經歷都是緣。

有人說，不要忽視身邊出現的每一個人，他們很可能是你前世的親人或愛人。這樣算來，人生在世又多一重意思了。

我們沒有承擔前世的理由，但我們有活好今生的責任。

跟身邊的人相處也是修行自己的緣分，他們的出現和功能就像愛人一樣，是反映你的缺點，提醒你改善自己、放開胸襟的最好人選。

童年和舊愛，都是緣分的安排。一個人怕孤獨，兩個人怕負擔，更多人怕壓力，人與人之間的關係叫人渴求也叫人窒息，因為你還介意孤獨，未敢承擔現在，寧願活在過去，找藉口怨懟。

當你懂得珍惜生命，當你真正活在當下，過去便只是「過去」兩個字。

每個人都有過去，回憶能讓現在的生命微笑，才算沒有白活過。

過門也是客

壞記憶只是想找個落腳點而已，接受它，請它走就是了。

無法接受自己的人多容易患上抑鬱病。抑鬱病的人經常被霉爛的情緒和神出鬼沒不由自控的壞記憶影響，堵住生命力，窒息難耐。

壞記憶，壞思想，可能只是執著的別名，那為何寧願執著呢？是因為無法打開困局走出來，經常被負面情緒騷擾，然後你否定它，和它作對，所以它老是來纏著你。

能量的流動很奇妙，只要你讓它流過，打開門讓它進來，像客人一樣招呼它，它就會滿足，願意離開。

面對負面情緒，當知「過門也是客」的道理。

當壞記憶跑出來時，不要否定它，順其自然，靜看著它，這時你便可以抽身不黏心，大方一點招呼它坐坐，倒杯茶，讓它休息，它覺得被接受了，就會安然離開。你可帶著微笑請它走，感謝它的到訪，祝它旅途愉快，以後不用再見了。

壞記憶只是想找個落腳點而已，接受它，請它走就是了。

這原是我們處理所有問題的方式。不用否定，也毋須認同就是了，平靜自會出現。

信仰與心魔

別搞錯，消滅心魔不是神的工作，
而是人的責任。

客人H質疑自己的信仰，問為何信者得救，卻還是痛苦，是不是自己不夠堅強才需要信仰？

人有信仰的需要，也應該有信仰的自由，因為人希望提升靈性，讓生命更具意義和滿足。當然，靈性提升不一定通過信仰。信仰是個人的選擇，信奉哪個神也是緣分。因為痛苦才去信神是低層次的信仰，雖然也不壞，不過小心誤入迷信，跟求籤問卜沒分別。

有了信仰不等於不再痛苦，反之，那是學習
接受痛苦，轉化為愛（正面能量）的過程。

只在意壓抑慾望、歪念和情緒的話，你將無法馴服自我，最終不會得到解脫，你會在諸多壓抑下失去人性。

你只能接受所有發生在自己身上的東西，包括慾望、惰性、軟弱和貪念。人要在全然接受自己後才能放下執著，轉化能量提升自己，不然，你只能抱著恐慌和焦慮去信神，助長心魔。

別搞錯，消滅心魔不是神的工作，而是人的責任。

我們要覺知、接受、放下、提升，為自己的行為、想法和感覺（情緒）負責任。

當我們的心能安定下來，變得成熟平靜時，神聖才在我們內心呈現，信仰才開始產生意義。

在這以前，它只不過是迷信和執著。

凡人走凡人的路

自療的重點不是成佛，
別把自己變成無慾無求的聖人。

B失戀找我治療。通常我會叫客戶先試試我教的方法，不要馬上判斷是否收效，留有治療冷靜期，當心一旦重執正面能量後容易引起的「好轉反應」（healing crisis），讓你有重墮舊患的表徵和假象。

一星期後她說：「我樂觀了不少，靜心過後，發現凡事原是一體兩面或多面的，之前沒發現問題，只是自己沒看到而已。雖然現在還會想起舊愛人，有時仍然感到痛苦，昨晚才想過自殺，想起每段關係都失敗便想死，覺得生命極荒謬，浪費掉那麼多時間才明白所謂愛其實從來未存在過，只是構想愛過罷了！不過立即看穿原來自己正在思想愛和痛苦，馬上便笑了。

「觀照自己的方法真的很管用。不過問題是，能做到放下後，還剩下什麼呢？只有空洞和無邊的空虛嗎？我只是凡人，怎能做到成佛？」

沒有人須要成佛，我們只管做個合格的人便行了。成佛成聖只是妄想，自療的重點不是成佛，別把自己變成無慾無求的聖人。

量力而為，看清楚此時此刻自己的路向便行了。人生每段歷程都有不同的變化，機遇也不同。這段感情沒落了，還會有另一段感情、另一種體驗，讓進步變成可能。

路的盡頭是哪裡根本不重要，不管你是否有來世，此生怎樣死去，不要計算命運。每個人都要走上修補自己的道路，走凡人要走的路便行了。

別跟自己過不去

——別讓我們的心沉睡和硬化，麻木不仁，必須重新啟動。——

春天的濕翳讓人心情不好，容易煩躁疲倦，中醫說是肝動的季節，而肝又影響情緒。理雖如是，我們卻明白一個道理：天氣可能是鬧情緒的原因，卻不是藉口。

我們也知道心怎樣想，世界便變成怎樣，自己才是一切發生的導演和編劇。

讀者E來信說：「這幾天對誰都想發脾氣，工作壓力大，每天睜開眼都是為了錢，匆匆忙忙，戀愛也發霉了。有時覺得活著很機械，不停地轉呀轉，當某天停止時，也是生命結束之時了。不過某次到海邊，極目一望無際的大海，感覺自己像與天連接在一起。那海藍令心滲透著清涼。閉上眼睛，感受風飄來的海水味道，突然感到自己變輕了，自己只不過是海裡的一滴水珠，微不足道，出現和消失也不會地動山搖。原來自己在這世上是那麼的渺小，一切想法都太沉重了，只

有自己騙不了自己。此時此刻，海闊天空，什麼都過去了，想開一點，別跟自己過不去。」

好一句「別跟自己過不去」，原來我們一直跟自己作對。

很多人問怎樣才能做到不再計較，悠然自得。人有很多局限，

不妨借助大自然強大無私的能量，重振生命的激情。別讓我們的心沉睡和硬化，麻木不仁，必須重新啟動。

心一旦軟化，心眼便會張開，心態會改變，世界也會改變。曾經介意、放不下的種種緣與孽，頓時煙消雲散。

人生，不過如此。

人，必須長大

——活好生命和愛的條件，原是勇敢和承擔。——

D說活得很不開心，失戀多年還沒有男朋友，也沒有知心朋友，工作待遇一份比一份差，覺得自己好討厭，像被世界遺棄了。有想過結束生命，但又害怕因為自殺而不能投胎，問我怎麼辦。

想自殺但怕不能投胎，正是很多人鬧死的搞笑弔詭。

對生命不滿又留戀，捨不得離開，因為怕另一個世界可能更痛苦。

像很多人明知戀人不可取，卻死執不放手，墮進了害怕再遇上的可能比現任更壞的假邏輯。

這是理性與迷執之間明顯的斷層，也正是這斷層擾亂心智鬧情緒病。厭惡的同時又捨不得放手，我們到底要怎樣才滿意呢？

情緒病態的特徵是反智、重複、放縱和逃避。搞不清楚不斷埋怨的目的，不在乎持續沉溺是否對自己好，因為說實話，陷入痛苦比尋求進步更容易，雖然弔詭地，受苦會令自己很辛苦。

天，翻來覆去，思前想後，還是兩個字：懦弱。

> 我們都瞧不起懦夫，偏偏陷入情緒低谷的特徵便是讓我們徹頭徹尾變成懦夫，失去尊嚴。

費盡精力侍奉亂七八糟的思緒，一世便這樣流過。

人生到底為何？

人，必須長大。活好生命和愛的條件，原是勇敢和承擔。

素黑 枕邊自愛系列 之二

那些在愛中受的傷，都是修行

Hurts in Love Nurture a Better Self

作者 素黑

責任編輯 黃雯怡

美術設計 大紅

封面 / 封底攝影 胡玲玲

模特兒 素黑

內頁攝影 Iris Cheng @ 文藝女生

出版者 知出版社

香港鰂魚涌英皇道 1065 號東達中心 1305 室
電話：(852) 2564 7511
傳真：(852) 2565 5539
電郵：info@wanlibk.com
網址：http://www.formspub.com
http://www.facebook.com/cognizancepub

發行者 香港聯合書刊物流有限公司

香港新界大埔汀麗路 36 號
中華商務印刷大廈 3 字樓
電話：(852) 2150 2100
傳真：(852) 2407 3062
電郵：info@suplogistics.com.hk

承印者 中華商務彩色印刷有限公司

香港新界大埔汀麗路 36 號

出版日期 二零一六年一月

第一次印刷

Published in Hong Kong by Cognizance Publishing,
a division of Wan Li Book Company Limited

ISBN 978-988-8325-62-7

上架建議：
(1) 兩性關係 (2) 心理勵志 (3) 流行讀物